Macarons

Capucine BRÉMOND

Dormonval
CH — LUCERNE

PRÉPARATION TRÈS SIMPLE
PRÉPARATION FACILE
PRÉPARATION ÉLABORÉE

PEU COÛTEUSE
RAISONNABLE
CHÈRE

- Photographies : SAEP/Jean-Luc SYREN et Valérie WALTER.
- Graphisme : Valérie RENAUD.
- Coordination : SAEP/Éric ZIPPER.
- Composition et photogravure : SAEP/Arts Graphiques.
- Impression : Union Européenne.

Conception › saep création - 68040 Ingersheim - Colmar

Le macaron est gourmand et délicat. Il sublime ainsi en nous le gourmet. Il s'offre en bouche, pleinement savoureux, à qui sait l'attraper du bout des doigts.

› La réalisation des macarons n'est pas difficile mais demande de la précision, de la patience, de l'attention. Leur préparation est un art abordable, une série d'astuces pour initiés, une technique qu'on acquiert aisément si on en prend la peine.

› Un macaron se déguste avec beaucoup d'application. On ne croque pas cette bouchée gourmande sans admirer son effet bombé et sa teinte, sans tenter de saisir son parfum.

› Il se prépare aussi avec attention. Ne serait-ce pas également pour cela qu'on l'aime toujours, quoi qu'en disent certains ?

› Il sollicite un geste précieux. Retourner aux fourneaux, nous en prenons le temps, oui, surtout si c'est pour (nous) offrir des macarons.

UN MACARON COLORÉ

Les colorants alimentaires existent sous forme liquide, en pâte ou en poudre. Les teintes obtenues seront plus ou moins soutenues selon le type de colorant choisi. Ils pourront cependant tous être utilisés.

Les colorants de teinte bleue, jaune et rouge se trouvent facilement en grandes surfaces au rayon des aides culinaires pour la pâtisserie. Une fois mélangées entre elles, ces couleurs de base suffiront pour ajouter à votre palette des teintes vertes, orange et violettes.

Vous trouverez une gamme plus étendue de teintes de colorants alimentaires dans certaines épiceries fines ainsi que dans les épiceries orientales ou en vente sur Internet.

Pour un ton pistaché, mélangez du colorant jaune avec une pointe de colorant bleu. Pour un ton plutôt mentholé, ajoutez à l'inverse une petite quantité de colorant jaune dans du colorant bleu.

Pour un macaron couleur de violette, mélangez à quantité égale le colorant bleu et le colorant rouge alors que, pour un macaron couleur aubergine, ajoutez une pointe de bleu dans du colorant rouge et du colorant noir.

Quoi qu'il en soit, dosez le bleu avec parcimonie et testez par vous-même les effets colorés qui sortiront de votre four et de votre inspiration.

La cuisson intervenant dans la coloration, vous n'obtiendrez peut-être pas précisément la couleur souhaitée au premier essai. Votre macaron pourra être plus clair que vous ne l'auriez souhaité ou d'un rouge tirant trop sur l'orangé.

Un temps de cuisson de 1 ou de 2 minutes supplémentaires vous aidera à faire brunir légèrement vos teintes mais seul le colorant noir vous permettra d'obtenir des tons très soutenus pour un effet bleu nuit, chocolat ou réglisse.

Et avec des motifs ?

Vous pouvez aussi décliner sur les coques des motifs qui viendront compléter vos teintes de base.

Juste avant de passer les coques au four, vous pouvez, à l'aide d'un petit pinceau que vous époussetez délicatement au-dessus de vos coques, saupoudrer une petite touche de cacao ou de colorant en poudre de la teinte de votre choix.

Vous pouvez zébrer l'ensemble de la plaque où sont posées les coques avec un colorant liquide en tube.

Vous pouvez aussi « tacher » vos macarons en secouant un pinceau humecté de colorant liquide au-dessus de vos coques.

Vous pouvez déposer au centre de la moitié de vos coques une feuille d'or, une pointe de colorant liquide ou de chocolat, des miettes de pistache ou un copeau de parmesan…

LE MATÉRIEL INDISPENSABLE

- Trois plaques de cuisson (deux suffiront à défaut).
- Un batteur avec fouets à neige.
- Un mixeur à couteaux.
- Une passoire fine (facultatif).
- Un tamis ou un chinois large.
- Une poche avec une douille large et lisse.
- Une spatule en silicone ou en plastique.

LE MACARON AUX AMANDES À LIRE ABSOLUMENT

La recette du macaron aux amandes est la recette de base utilisée pour l'ensemble des recettes de macarons de cet ouvrage. Seules les recettes des amarettis et des macarons de Nancy ne sont pas des variantes de cette recette.
Sont décrites dans le déroulement des étapes de cette première recette phare les astuces qui jalonnent la préparation du macaron. Ces astuces devront être maîtrisées afin de pouvoir réaliser de jolis macarons de tous parfums.

Pour 35 petits macarons aux amandes (30 mm)
Temps de préparation : 20 minutes
Temps de cuisson : 13 minutes
Temps de repos : 3 heures

3 blancs d'œufs / 130 g de poudre d'amande / 150 g de sucre glace / 30 g de sucre en poudre.

La réussite des macarons dépend du respect de règles simples mais précises. Si certaines astuces diffèrent d'une recette à l'autre, des règles de base doivent être respectées pour obtenir des sphères rondes, lisses, gonflées, craquantes en surface et moelleuses à l'intérieur.

Dix clefs de la réussite

1. Réserver les blancs d'œufs. La veille, réserver les blancs d'œufs au réfrigérateur dans un récipient recouvert d'un film alimentaire.
Le jour même, sortir les blancs d'œufs du réfrigérateur 1 heure au minimum avant la préparation.

2. Mixer très finement les poudres. Mixer la poudre d'amande avec le sucre glace. Tamiser la poudre obtenue à l'aide d'une passoire fine ou, à défaut, au-dessus d'une feuille de papier sulfurisé.

3. Des blancs en neige très ferme. Fouetter les blancs en neige puis, lorsqu'ils commencent à prendre consistance, incorporer progressivement le sucre en poudre tout en continuant à fouetter. Monter les blancs en neige jusqu'à formation de « becs d'oiseau » en ôtant le fouet.
Ajouter si nécessaire le colorant et fouetter jusqu'à obtention d'une couleur homogène.

4. Macaronner = travailler la pâte jusqu'à obtention d'une texture lisse et brillante. Ajouter progressivement les poudres aux blancs d'œufs montés en neige et les lier délicatement avec une spatule jusqu'à obtention d'un ruban lisse et brillant.

5. Former des coques de taille similaire sur la plaque.
Déposer une feuille de papier sulfurisé sur une plaque. Tenir la poche à douille avec une main pour maintenir fermement la pointe et avec l'autre main au niveau du nœud qui ferme le haut de la poche. Pencher la poche à douille dans un coin de la plaque. Déposer la pointe de la douille sur la plaque en la maintenant légèrement inclinée. Presser le haut de la poche jusqu'à former un dôme de 3 cm. Renouveler l'opération en espaçant les dômes d'au moins 2 cm.
Faire en sorte que les coques soient d'une taille approximativement semblable entre elles et d'une taille légèrement inférieure à celle souhaitée au final.

6. Le croûtage. Laisser reposer 3 heures au minimum. Il est possible de laisser reposer les coques une nuit entière.

7. Des plaques superposées. Enfourner la plaque de coques pour 13 minutes à 150 °C (th. 5) au-dessus de deux autres plaques vides. Éviter d'ouvrir le four en cours de cuisson.

8. Décoller les coques alors qu'elles sont tiédies. Laisser refroidir les coques quelques minutes à la sortie du four puis les décoller de la plaque. Si elles ne se décollent pas facilement, les enfourner pour 2 à 3 minutes supplémentaires.
Coller les coques deux à deux avec la garniture choisie.
Réserver au réfrigérateur.

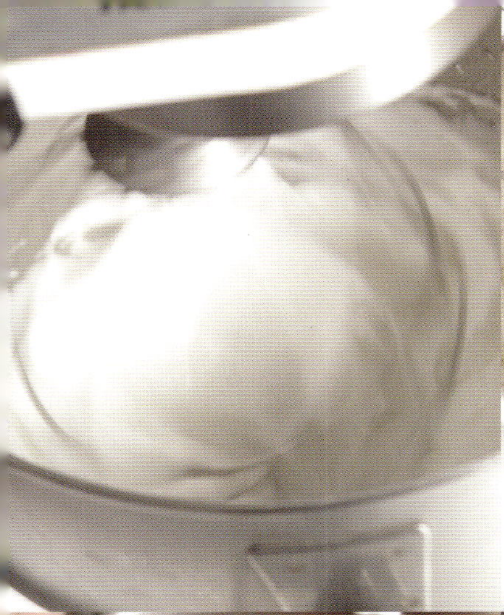

9. Éviter d'utiliser des ustensiles humides. Conserver des préparations bien sèches.

10. Un peu de chance et de persévérance : une dernière règle doit bien être énoncée ici. Vous ne réussirez peut-être pas vos macarons tels que vous les imaginiez dès le premier essai.
La précision étant ici de rigueur, c'est en constatant les défauts survenus durant la préparation ou la cuisson que vous saurez comment réussir vos macarons de manière infaillible :
- Vous pourrez difficilement contrôler la puissance de votre four dès le premier essai. Chaque four diffusant la chaleur variablement, vous n'aurez pas d'autre choix que de prolonger la cuisson de 2 minutes si vos macarons sont un peu mous et se décollent difficilement de la plaque ou renouveler l'expérience un autre jour en diminuant légèrement le temps de cuisson s'ils sont trop secs.
- Ils sont cloqués : vous n'avez pas suffisamment mixé vos poudres ou la température du four n'était pas assez haute.
- Leur texture irrégulière évoque un gâteau sec plutôt qu'une coque de macaron : vous n'avez pas suffisamment lié le blanc d'œuf avec les poudres.
- Ils ne sont pas assez bombés : le temps de croûtage était trop court.
- Les macarons se sont cassés au moment de les décoller de la plaque : vous les avez laissés trop refroidir avant de les décoller.
- Ils ont bruni : la température du four était trop haute.
- Ils ont craquelé durant la cuisson : essayez de maintenir la porte du four entrouverte durant la cuisson avec une cuillère en bois.

Les coques peuvent se congeler et se laisser décongeler à température ambiante.

café

3 blancs d'œufs / 130 g de poudre d'amande / 150 g de sucre glace / 1 cuil. à soupe d'extrait de café / 30 g de sucre en poudre / 15 gouttes de colorant / 160 g de crème fraîche liquide / 10 g de café moulu / 160 g de chocolat blanc.

••• ››› 35 PETITS MACARONS — PRÉP. : 25 MIN — CUISS. : 18 MIN
REPOS : 3 H

1 › La veille, réserver les blancs d'œufs au réfrigérateur.
2 › Le jour même, sortir les blancs d'œufs du réfrigérateur 1 heure au minimum avant la préparation.
3 › Mixer la poudre d'amande avec le sucre glace. Tamiser la poudre obtenue à l'aide d'une passoire fine.
4 › Fouetter les blancs en neige puis, lorsqu'ils commencent à prendre consistance, incorporer progressivement l'extrait de café puis le sucre en poudre tout en continuant à fouetter. Monter les blancs en neige jusqu'à formation de « becs d'oiseau ».
5 › Ajouter ensuite le colorant et fouetter jusqu'à obtention d'une couleur homogène.
6 › Ajouter les poudres aux blancs d'œufs montés en neige et les lier délicatement avec une spatule jusqu'à obtention d'un ruban lisse et brillant.
7 › Déposer une feuille de papier sulfurisé sur une plaque. Former des dômes d'une taille d'environ 3 cm en les espaçant d'au moins 2 cm.
8 › Laisser reposer les dômes formés 3 heures au minimum.
9 › Enfourner la plaque de coques pour 13 minutes à 150 °C (th. 5) au-dessus de deux autres plaques vides.
10 › Laisser refroidir les coques quelques minutes à la sortie du four puis les décoller de la plaque.
11 › Porter à frémir dans une petite casserole la crème fraîche liquide avec le café moulu. Ôter du feu et réserver 5 minutes. Filtrer ensuite la crème tiédie au-dessus d'une passoire fine, puis la remettre à chauffer doucement en incorporant le chocolat blanc. Finir de faire fondre le mélange hors du feu. Laisser refroidir.
12 › Déposer une noix de ganache au café sur la moitié des coques puis refermer les macarons avec les autres coques en pressant délicatement jusqu'à ce que la ganache se répartisse sur l'ensemble des coques.

caramel au beurre salé

3 blancs d'œufs / 130 g de poudre d'amande / 150 g de sucre glace / 150 g de sucre en poudre / 3 gouttes de colorant jaune / 80 g de crème fraîche liquide / 30 g de beurre / Une pincée de fleur de sel.

35 PETITS MACARONS — PRÉP. : 25 MIN — CUISS. : 18 MIN
REPOS : 3 H

1 › La veille, réserver les blancs d'œufs au réfrigérateur.
2 › Le jour même, sortir les blancs d'œufs du réfrigérateur 1 heure au minimum avant la préparation.
3 › Mixer la poudre d'amande avec le sucre glace. Tamiser la poudre obtenue à l'aide d'une passoire fine.
4 › Fouetter les blancs en neige puis, lorsqu'ils commencent à prendre consistance, incorporer progressivement 30 g de sucre tout en continuant à fouetter. Monter les blancs en neige jusqu'à formation de « becs d'oiseau ».
5 › Ajouter ensuite le colorant et fouetter jusqu'à obtention d'une couleur homogène.
6 › Ajouter les poudres aux blancs d'œufs montés en neige et les lier délicatement avec une spatule jusqu'à obtention d'un ruban lisse et brillant.
7 › Déposer une feuille de papier sulfurisé sur une plaque. Former des dômes d'une taille d'environ 3 cm en les espaçant d'au moins 2 cm.
8 › Laisser reposer les dômes formés 3 heures au minimum.
9 › Enfourner la plaque de coques pour 13 minutes à 150 °C (th. 5) au-dessus de deux autres plaques vides.
10 › Laisser refroidir les coques quelques minutes à la sortie du four puis les décoller de la plaque.
11 › Mettre à chauffer la crème fraîche liquide dans une casserole puis réserver. Dans une autre petite casserole, chauffer le reste de sucre à sec jusqu'à ce qu'il forme un caramel bien doré. Ôter du feu, puis incorporer le beurre, le sel et la crème fraîche liquide encore chaude. Bien mélanger et laisser refroidir.
12 › Déposer 1 petite cuillerée de caramel sur la moitié des coques puis refermer les macarons avec les autres coques en pressant délicatement jusqu'à ce que la ganache se répartisse sur l'ensemble des coques.

Pour plus d'originalité, ajouter une petite touche de fleur de sel sur les macarons après le montage.

chocolat noir

3 blancs d'œufs / 130 g de poudre d'amande / 150 g de sucre glace / 25 g de cacao amer / 30 g de sucre en poudre / 15 gouttes de colorant brun / 150 g de crème fraîche liquide / 150 g de chocolat noir pâtissier.

••››› 35 PETITS MACARONS — PRÉP. : 20 MIN — CUISS. : 16 MIN
REPOS : 3 H

1 › La veille, réserver les blancs d'œufs au réfrigérateur.
2 › Le jour même, sortir les blancs d'œufs du réfrigérateur 1 heure au minimum avant la préparation.
3 › Mixer la poudre d'amande avec le sucre glace et le cacao. Tamiser la poudre obtenue à l'aide d'une passoire fine.
4 › Fouetter les blancs en neige puis, lorsqu'ils commencent à prendre consistance, incorporer progressivement le sucre en poudre tout en continuant à fouetter. Monter les blancs en neige jusqu'à formation de « becs d'oiseau ».
5 › Ajouter ensuite le colorant et fouetter jusqu'à obtention d'une couleur homogène.
6 › Ajouter les poudres aux blancs d'œufs montés en neige et les lier délicatement avec une spatule jusqu'à obtention d'un ruban lisse et brillant.
7 › Déposer une feuille de papier sulfurisé sur une plaque. Former des dômes d'une taille d'environ 3 cm en les espaçant d'au moins 2 cm.
8 › Laisser reposer les dômes formés 3 heures au minimum.
9 › Enfourner la plaque de coques pour 13 minutes à 150 °C (th. 5) au-dessus de deux autres plaques vides.
10 › Porter à frémir dans une petite casserole la crème fraîche liquide, y incorporer le chocolat noir et faire fondre le mélange hors du feu. Laisser refroidir.
11 › Laisser refroidir les coques quelques minutes à la sortie du four puis les décoller de la plaque.
12 › Déposer une noix de ganache au chocolat sur la moitié des coques puis refermer les macarons avec les autres coques en pressant délicatement jusqu'à ce que la ganache se répartisse sur l'ensemble des coques.

Le colorant brun ne se trouve pas aisément dans le commerce.
Sans colorant brun, il est possible de se contenter de 5 à 10 gouttes de colorant rouge.

confiture de lait

3 blancs d'œufs / 50 cl de lait entier / 280 g de sucre en poudre / 1 cuil. à soupe de vanille en poudre / 130 g de poudre d'amande / 150 g de sucre glace.

35 PETITS MACARONS — PRÉP. : 25 MIN — REPOS : 3 H
CUISS. : 2 H 18 MIN

1 › La veille, réserver les blancs d'œufs au réfrigérateur.
2 › Porter à bouillir dans une petite casserole le lait avec 250 g de sucre en poudre et la vanille. Laisser mijoter jusqu'à obtention d'une crème épaisse à la couleur de caramel (1 à 2 heures). Réserver au frais.
3 › Le jour même, sortir les blancs d'œufs du réfrigérateur 1 heure au minimum avant la préparation.
4 › Mixer la poudre d'amande avec le sucre glace. Tamiser la poudre obtenue à l'aide d'une passoire fine.
5 › Fouetter les blancs en neige puis, lorsqu'ils commencent à prendre consistance, incorporer progressivement le reste de sucre en poudre tout en continuant à fouetter. Monter les blancs en neige jusqu'à formation de « becs d'oiseau ».
6 › Ajouter les poudres aux blancs d'œufs montés en neige et les lier délicatement avec une spatule jusqu'à obtention d'un ruban lisse et brillant.
7 › Déposer une feuille de papier sulfurisé sur une plaque. Former des dômes d'une taille d'environ 3 cm en les espaçant d'au moins 2 cm.
8 › Laisser reposer les dômes formés 3 heures au minimum.
9 › Enfourner la plaque de coques pour 18 minutes à 125° au-dessus de deux autres plaques vides.
10 › Laisser refroidir les coques quelques minutes à la sortie du four puis les décoller de la plaque.
11 › Déposer une noix de confiture de lait sur la moitié des coques puis refermer les macarons avec les autres coques en pressant délicatement jusqu'à ce que la confiture de lait se répartisse sur l'ensemble des coques.

framboise

3 blancs d'œufs / 130 g de poudre d'amande / 60 g de sucre en poudre / 8 gouttes de colorant fuchsia ou rouge / 50 g de confiture de framboises.

30 À 35 PETITS MACARONS — PRÉP. : 20 MIN
CUISS. : 13 MIN — REPOS : 3 H

1 › La veille, réserver les blancs d'œufs au réfrigérateur.
2 › Le jour même, sortir les blancs d'œufs du réfrigérateur 1 heure au minimum avant la préparation.
3 › Mixer la poudre d'amande avec 30 g de sucre. Tamiser la poudre obtenue à l'aide d'une passoire fine.
4 › Fouetter les blancs en neige puis, lorsqu'ils commencent à prendre consistance, incorporer progressivement le reste de sucre tout en continuant à fouetter. Monter les blancs en neige jusqu'à formation de « becs d'oiseau ».
5 › Ajouter ensuite le colorant et fouetter jusqu'à obtention d'une couleur homogène.
6 › Ajouter les poudres aux blancs d'œufs montés en neige et les lier délicatement avec une spatule jusqu'à obtention d'un ruban lisse et brillant.
7 › Déposer une feuille de papier sulfurisé sur une plaque. Former des dômes d'une taille d'environ 3 cm en les espaçant d'au moins 2 cm.
8 › Laisser reposer les dômes formés 3 heures au minimum.
9 › Enfourner la plaque de coques pour 13 minutes à 150 °C (th. 5) au-dessus de deux autres plaques vides.
10 › Laisser refroidir les coques quelques minutes à la sortie du four puis les décoller de la plaque.
11 › Déposer 1 cuillerée de confiture de framboises sur la moitié des coques puis refermer les macarons avec les autres coques en pressant délicatement jusqu'à ce que la confiture se répartisse sur l'ensemble des coques.

La confiture de framboises peut être remplacée par une gelée de framboises. Pour une touche fraîche et élégante, mais fragile, ajouter des framboises fraîches sur la couche de confiture avant de refermer les coques.

› confiture de lait
p. 18

› framboise p. 19

gelée de groseilles

3 blancs d'œufs / 130 g de poudre d'amande / 150 g de sucre glace / 30 g de sucre en poudre / 15 gouttes de colorant rouge / 80 g de gelée de groseille / 1 petite barquette de groseilles.

35 PETITS MACARONS — PRÉP. : 20 MIN — CUISS. : 13 MIN
REPOS : 3 H

1 › La veille, réserver les blancs d'œufs au réfrigérateur.

2 › Le jour même, sortir les blancs d'œufs du réfrigérateur 1 heure au minimum avant la préparation.

3 › Mixer la poudre d'amande avec le sucre glace. Tamiser la poudre obtenue à l'aide d'une passoire fine.

4 › Fouetter les blancs en neige puis, lorsqu'ils commencent à prendre consistance, incorporer progressivement le sucre en poudre tout en continuant à fouetter. Monter les blancs en neige jusqu'à formation de « becs d'oiseau ».

5 › Ajouter ensuite le colorant et fouetter jusqu'à obtention d'une couleur homogène.

6 › Ajouter les poudres aux blancs d'œufs montés en neige et les lier délicatement avec une spatule jusqu'à obtention d'un ruban lisse et brillant.

7 › Déposer une feuille de papier sulfurisé sur une plaque. Former des dômes d'une taille d'environ 3 cm en les espaçant d'au moins 2 cm.

8 › Laisser reposer les dômes formés 3 heures au minimum.

9 › Enfourner la plaque de coques pour 13 minutes à 150 °C (th. 5) au-dessus de deux autres plaques vides.

10 › Laisser refroidir les coques quelques minutes à la sortie du four puis les décoller de la plaque.

11 › Déposer 1 petite cuillerée de gelée de groseille sur la moitié des coques, ajouter 2 ou 3 grains de groseille sur le dessus puis refermer les macarons avec les autres coques en pressant délicatement.

noix de coco

3 blancs d'œufs / 130 g de poudre d'amande / 150 g de sucre glace / 60 g de noix de coco râpée / 30 g de sucre en poudre / 60 g de crème fraîche liquide / 150 g de chocolat blanc.

35 PETITS MACARONS — PRÉP. : 20 MIN — CUISS. : 18 MIN
REPOS : 3 H

1 › La veille, réserver les blancs d'œufs au réfrigérateur.
2 › Le jour même, sortir les blancs d'œufs du réfrigérateur 1 heure au minimum avant la préparation.
3 › Mixer la poudre d'amande avec le sucre glace et 20 g de noix de coco râpée. Tamiser la poudre obtenue à l'aide d'une passoire fine.
4 › Fouetter les blancs en neige puis, lorsqu'ils commencent à prendre consistance, incorporer progressivement le sucre en poudre tout en continuant à fouetter. Monter les blancs en neige jusqu'à formation de « becs d'oiseau ».
5 › Ajouter les poudres aux blancs d'œufs montés en neige et les lier délicatement avec une spatule jusqu'à obtention d'un ruban lisse et brillant.
6 › Déposer une feuille de papier sulfurisé sur une plaque. Former des dômes d'une taille d'environ 3 cm en les espaçant d'au moins 2 cm.
7 › Saupoudrer 20 g de noix de coco en poudre au-dessus des dômes formés puis les laisser reposer 3 heures au minimum.
8 › Enfourner la plaque de coques pour 13 minutes à 150 °C (th. 5) au-dessus de deux autres plaques vides.
9 › Porter la crème fraîche liquide à frémir dans une petite casserole avec le reste de noix de coco, y incorporer le chocolat blanc et faire fondre le mélange hors du feu. Laisser refroidir.
10 › Laisser refroidir les coques quelques minutes à la sortie du four puis les décoller de la plaque.
11 › Déposer une noix de crème à la noix de coco sur la moitié des coques puis refermer les macarons avec les autres coques en pressant délicatement jusqu'à ce que la ganache se répartisse sur l'ensemble des coques.

orange

3 blancs d'œufs / 130 g de poudre d'amande / 150 g de sucre glace / 30 g de sucre en poudre / 10 gouttes de colorant orange / 4 oranges / 30 g de cassonade / 2 g d'agar-agar.

35 PETITS MACARONS — PRÉP. : 25 MIN — CUISS. : 18 MIN
REPOS : 3 H

1 › La veille, réserver les blancs d'œufs au réfrigérateur.
2 › Le jour même, sortir les blancs d'œufs du réfrigérateur 1 heure au minimum avant la préparation.
3 › Mixer la poudre d'amande avec le sucre glace. Tamiser la poudre obtenue à l'aide d'une passoire fine.
4 › Fouetter les blancs en neige puis, lorsqu'ils commencent à prendre consistance, incorporer progressivement le sucre en poudre tout en continuant à fouetter. Monter les blancs en neige jusqu'à formation de « becs d'oiseau ».
5 › Ajouter ensuite le colorant et fouetter jusqu'à obtention d'une couleur homogène.
6 › Ajouter les poudres aux blancs d'œufs montés en neige et les lier délicatement avec une spatule jusqu'à obtention d'un ruban lisse et brillant.
7 › Déposer une feuille de papier sulfurisé sur une plaque. Former des dômes d'une taille d'environ 3 cm en les espaçant d'au moins 2 cm.
8 › Laisser reposer les dômes formés 3 heures au minimum.
9 › Enfourner la plaque de coques pour 13 minutes à 150 °C (th. 5) au-dessus de deux autres plaques vides.
10 › Laisser refroidir les coques quelques minutes à la sortie du four puis les décoller de la plaque.
11 › Porter à bouillir dans une petite casserole le jus des oranges pressées avec la cassonade et l'agar-agar. Poursuivre l'ébullition 3 minutes en remuant bien. Laisser refroidir hors du feu.
12 › Déposer une noix de gelée sur la moitié des coques puis refermer les macarons avec les autres coques en pressant délicatement jusqu'à ce que la gelée se répartisse sur l'ensemble des coques.

La gelée d'orange peut être réalisée avec des oranges sanguines ou remplacée par de la confiture d'oranges amères, qui se mariera idéalement avec des coques à la saveur très sucrée.

pistache

3 blancs d'œufs / 180 g de pistaches vertes émondées / 130 g de poudre d'amande / 240 g de sucre glace / 30 g de sucre en poudre / 10 gouttes de colorant vert / 5 gouttes de colorant jaune / 60 g de beurre ramolli.

35 PETITS MACARONS — PRÉP. : 20 MIN — CUISS. : 13 MIN
REPOS : 3 H

1 › La veille, réserver les blancs d'œufs au réfrigérateur.
2 › Le jour même, sortir les blancs d'œufs du réfrigérateur 1 heure au minimum avant la préparation.
3 › Mixer 60 g de pistaches avec la poudre d'amande et 150 g de sucre glace. Tamiser la poudre obtenue à l'aide d'une passoire fine.
4 › Fouetter les blancs en neige puis, lorsqu'ils commencent à prendre consistance, incorporer progressivement le sucre en poudre tout en continuant à fouetter. Monter les blancs en neige jusqu'à formation de « becs d'oiseau ».
5 › Ajouter ensuite le colorant et fouetter jusqu'à obtention d'une couleur homogène.
6 › Ajouter les poudres aux blancs d'œufs montés en neige et les lier délicatement avec une spatule jusqu'à obtention d'un ruban lisse et brillant.
7 › Déposer une feuille de papier sulfurisé sur une plaque. Former des dômes d'une taille d'environ 3 cm en les espaçant d'au moins 2 cm.
8 › Laisser reposer les dômes formés 3 heures au minimum.
9 › Enfourner la plaque de coques pour 13 minutes à 150 °C (th. 5) au-dessus de deux autres plaques vides.
10 › Laisser refroidir les coques quelques minutes à la sortie du four puis les décoller de la plaque.
11 › Mixer les pistaches restantes avec le sucre glace restant. Ajouter le beurre coupé en dés, mixer à nouveau.
12 › Déposer une noix de beurre à la pistache sur la moitié des coques puis refermer les macarons avec les autres coques en pressant délicatement jusqu'à ce que la ganache se répartisse sur l'ensemble des coques.

réglisse

3 blancs d'œufs / 130 g de poudre d'amande / 150 g de sucre glace / 30 g de sucre en poudre / 1 cuil. à café de colorant noir en poudre / 150 g de crème fraîche liquide / 8 bonbons à la réglisse sans sucre (ou 40 pastilles à la réglisse) / 100 g de chocolat blanc.

35 PETITS MACARONS — PRÉP. : 20 MIN — CUISS. : 18 MIN
REPOS : 3 H

1 › La veille, réserver les blancs d'œufs au réfrigérateur.

2 › Le jour même, sortir les blancs d'œufs du réfrigérateur 1 heure au minimum avant la préparation.

3 › Mixer la poudre d'amande avec le sucre glace. Tamiser la poudre obtenue à l'aide d'une passoire fine.

4 › Fouetter les blancs en neige puis, lorsqu'ils commencent à prendre consistance, incorporer progressivement le sucre en poudre tout en continuant à fouetter. Monter les blancs en neige jusqu'à formation de « becs d'oiseau ».

5 › Ajouter ensuite le colorant et fouetter jusqu'à obtention d'une couleur homogène.

6 › Ajouter les poudres aux blancs d'œufs montés en neige et les lier délicatement avec une spatule jusqu'à obtention d'un ruban lisse et brillant.

7 › Déposer une feuille de papier sulfurisé sur une plaque. Former des dômes d'une taille d'environ 3 cm en les espaçant d'au moins 2 cm.

8 › Laisser reposer les dômes formés 3 heures au minimum.

9 › Enfourner la plaque de coques pour 13 minutes à 150 °C (th. 5) au-dessus de deux autres plaques vides.

10 › Laisser refroidir les coques quelques minutes à la sortie du four puis les décoller de la plaque.

11 › Porter la crème fraîche liquide à frémir dans une petite casserole, ajouter les bonbons ou pastilles de réglisse et les faire fondre en remuant à feu doux. Ajouter le chocolat blanc et laisser fondre. Réserver à tiédir hors du feu.

12 › Déposer une noix de ganache sur la moitié des coques puis refermer les macarons avec les autres coques en pressant délicatement jusqu'à ce que la ganache se répartisse sur l'ensemble des coques.

vanille

3 blancs d'œufs / 130 g de poudre d'amande / 150 g de sucre glace / 2 cuil. à café de vanille en poudre / 30 g de sucre en poudre / 75 g de crème fraîche liquide / 150 g de chocolat blanc / 25 g de miel liquide.

••• ››› 35 PETITS MACARONS — PRÉP. : 20 MIN — CUISS. : 18 MIN
REPOS : 3 H

1 › La veille, réserver les blancs d'œufs au réfrigérateur.
2 › Le jour même, sortir les blancs d'œufs du réfrigérateur 1 heure au minimum avant la préparation.
3 › Mixer la poudre d'amande avec le sucre glace et 1 cuillerée à café de vanille. Tamiser la poudre obtenue à l'aide d'une passoire fine.
4 › Fouetter les blancs en neige puis, lorsqu'ils commencent à prendre consistance, incorporer progressivement le sucre en poudre tout en continuant à fouetter. Monter les blancs en neige jusqu'à formation de « becs d'oiseau ».
5 › Ajouter les poudres aux blancs d'œufs montés en neige et les lier délicatement avec une spatule jusqu'à obtention d'un ruban lisse et brillant.
6 › Déposer une feuille de papier sulfurisé sur une plaque. Former des dômes d'une taille d'environ 3 cm en les espaçant d'au moins 2 cm.
7 › Laisser reposer les dômes formés 3 heures au minimum.
8 › Enfourner la plaque de coques pour 13 minutes à 150 °C (th. 5) au-dessus de deux autres plaques vides.
9 › Laisser refroidir les coques quelques minutes à la sortie du four puis les décoller de la plaque.
10 › Porter la crème fraîche liquide avec le reste de vanille en poudre à frémir dans une petite casserole, y incorporer le chocolat blanc et le miel, faire fondre le mélange hors du feu. Laisser refroidir.
11 › Déposer une noix de ganache sur la moitié des coques puis refermer les macarons avec les autres coques en pressant délicatement jusqu'à ce que la ganache se répartisse sur l'ensemble des coques.

› vanille p. 29

amarettis orange confite

30 g d'oranges confites / 120 g de sucre en poudre / 130 g de poudre d'amande / 3 blancs d'œufs / 50 g de sucre glace.

• • • › › › 30 AMARETTIS— PRÉP. : 15 MIN — CUISS. : 15 MIN
REPOS : 3 H

1 › Couper les oranges confites en dés. Les mixer avec le sucre, la poudre d'amande et 1 blanc d'œuf.
2 › Monter fermement en neige le reste des blancs d'œufs. Incorporer la pâte d'amandes formée. Mélanger délicatement avec une spatule.
3 › Former des boules de 30 mm à l'aide d'une poche à douille.
4 › Les laisser reposer 3 heures au minimum dans un endroit frais.
5 › Saupoudrer généreusement de sucre glace.
6 › Enfourner pour 15 minutes à 180 °C (th. 6) en surveillant afin qu'ils ne dorent pas trop.
7 › Laisser refroidir à la sortie du four avant de les décoller..

amarettis moelleux

300 g de poudre d'amande / 200 g de sucre glace / 3 blancs d'œufs / 1/2 cuil. à café d'extrait d'amande amère.

• • • › › › 30 AMARETTIS — PRÉP. : 10 MIN — CUISS. : 18 MIN

1 › Dans un saladier, mélanger la poudre d'amande et 150 g de sucre glace.
2 › Monter les blancs en neige dans un autre saladier. Ajouter l'extrait d'amande amère, fouetter à nouveau, puis saupoudrer avec la poudre d'amande et le sucre glace. Mélanger la préparation avec une spatule puis former des boules de 30 mm à l'aide de deux cuillères ou d'une poche à douille. Former des boules à l'aide d'une poche à douille. Les déposer sur une plaque recouverte d'une feuille de papier sulfurisé. Les saupoudrer de sucre glace. Les pincer de façon à leur donner une forme carrée.
3 › Enfourner les amarettis pour 18 minutes à 120 °C (th. 4).
4 › Laisser refroidir les amarettis sur la plaque avant de les décoller.

À servir à l'heure du thé ou, à l'italienne, à l'heure de l'apéritif avec un vin sucré.

amarettis craquants et fondants

2 blancs d'œufs / 150 g de sucre en poudre / 175 g de poudre d'amande / 1 cuil. à café d'extrait d'amande amère / 50 g de sucre glace.

25 À 30 AMARETTIS— PRÉP. : 15 MIN — CUISS. : 15 MIN
REPOS : 3 H

1 › Commencer à monter les blancs en neige. Lorsqu'ils commencent à monter en neige, incorporer progressivement la moitié du sucre en poudre puis continuer à fouetter jusqu'à ce que les blancs soient fermes. Incorporer le reste de sucre en poudre, la poudre d'amande et l'extrait d'amande amère. Mélanger délicatement avec une spatule.
2 › Former des boules de 30 mm à l'aide de deux cuillères à café ou d'une poche à douille, les rouler dans le sucre glace, les aplatir légèrement et les déposer sur une plaque recouverte d'une feuille de papier sulfurisé en les espaçant d'au moins 3 cm.
3 › Les laisser reposer 3 heures au minimum dans un endroit frais.
4 › Enfourner pour 15 minutes à 180 °C (th. 6) en surveillant.
5 › Laisser refroidir à la sortie du four.

amarettis noisettes

2 blancs d'œufs / 150 g de sucre en poudre / 200 g de poudre de noisette / 1 cuil. à café d'extrait de vanille / 50 g de sucre glace.

25 À 30 AMARETTIS — PRÉP. : 15 MIN — CUISS. : 15 MIN
REPOS : 3 H

1 › Fouetter les blancs en neige. Lorsqu'ils commencent à monter en neige, incorporer progressivement la moitié du sucre en poudre puis continuer à fouetter jusqu'à ce que les blancs soient fermes. Incorporer le reste de sucre en poudre, la poudre de noisette et l'extrait de vanille. Mélanger délicatement avec une spatule.
2 › Former des boules de 30 mm à l'aide de deux cuillères à café ou d'une poche à douille, les rouler dans le sucre glace, les aplatir légèrement et les déposer sur une plaque recouverte d'une feuille de papier sulfurisé en les espaçant d'au moins 3 cm.
3 › Les laisser reposer 3 heures au minimum dans un endroit frais.
4 › Enfourner les amarettis pour 15 minutes à 180 °C (th. 6) en surveillant afin qu'ils ne dorent pas trop.
5 › Laisser refroidir à la sortie du four.

› amarettis orange confite
p. 32

› amarettis moelleux
p. 32

macarons écrasés de Nancy

400 g de sucre en poudre / 250 g de poudre d'amande / 4 blancs d'œufs.

40 MACARONS — PRÉP. : 20 MIN — CUISS. : 17 MIN
REPOS : 1 H

1 › Mixer 100 g de sucre en poudre et la poudre d'amande, incorporer à la poudre 1 blanc d'œuf, écraser au mortier jusqu'à obtenir une pâte homogène. Renouveler l'opération avec 1 autre blanc d'œuf. Ajouter ensuite progressivement à la pâte 200 g de sucre en poudre en continuant à travailler la préparation au mortier.
2 › Faire fondre le reste de sucre en poudre dans une petite casserole à feu très doux puis le verser sur la pâte et mélanger le tout à nouveau.
3 › Laisser reposer la pâte 1 heure au minimum.
4 › Monter en neige les blancs d'œufs restants et les incorporer à la pâte en remuant fermement mais doucement avec une spatule.
5 › Sur une plaque recouverte de papier cuisson, former des dômes de 30 mm à l'aide de deux cuillères à café ou d'une poche à douille en les espaçant d'au moins 3 cm.
6 › Mouiller l'ensemble des macarons formés à l'aide d'un petit pinceau imprégné d'eau ou en étendant un linge humide sur l'ensemble de la surface de la plaque.
7 › Enfourner les macarons pour 15 minutes à 180 °C (th. 6) en surveillant afin qu'ils ne dorent pas trop.

Cette préparation nécessite l'usage d'un mortier. Il n'est pas conseillé de monter les blancs en neige aussi fermement que pour les macarons traditionnels.

abricots amandes

3 blancs d'œufs / 130 g de poudre d'amande / 150 g de sucre glace / 30 g de sucre en poudre / 3 gouttes de colorant rouge / 5 gouttes de colorant jaune / 50 g de gelée d'abricot / 100 g de coulis d'abricots / 1 poignée d'amandes effilées / 2 abricots secs.

35 PETITS MACARONS — PRÉP. : 25 MIN — CUISS. : 16 MIN
REPOS : 3 H

1 › La veille, réserver les blancs d'œufs au réfrigérateur.
2 › Le jour même, sortir les blancs d'œufs du réfrigérateur 1 heure au minimum avant la préparation.
3 › Mixer la poudre d'amande avec le sucre glace. Tamiser la poudre obtenue à l'aide d'une passoire fine.
4 › Fouetter les blancs en neige puis, lorsqu'ils commencent à prendre consistance, incorporer progressivement le sucre en poudre tout en continuant à fouetter. Monter les blancs en neige jusqu'à formation de « becs d'oiseau ».
5 › Ajouter ensuite les colorants et fouetter jusqu'à obtention d'une couleur homogène.
6 › Ajouter les poudres aux blancs d'œufs montés en neige et les lier délicatement avec une spatule jusqu'à obtention d'un ruban lisse et brillant.
7 › Déposer une feuille de papier sulfurisé sur une plaque. Former des dômes d'une taille d'environ 3 cm en les espaçant d'au moins 2 cm.
8 › Laisser reposer les dômes formés 3 heures au minimum.
9 › Porter à ébullition dans une petite casserole la gelée d'abricots et le coulis d'abricots. Remuer sans cesse durant 3 minutes puis ôter du feu et laisser refroidir.
10 › Écraser grossièrement les amandes effilées et les saupoudrer au-dessus des coques. Puis enfourner la plaque de coques pour 13 minutes à 150 °C (th. 5) au-dessus de deux autres plaques vides.
11 › Laisser refroidir les coques quelques minutes à la sortie du four puis les décoller de la plaque.
12 › Déposer une noix de gelée d'abricots sur la moitié des coques, ajouter 2 ou 3 petits dés d'abricot sec puis refermer les macarons avec les autres coques en pressant délicatement jusqu'à ce que la gelée se répartisse sur l'ensemble des coques.

black et white

3 blancs d'œufs / 130 g de poudre d'amande / 150 g de sucre glace / 15 g de cacao amer en poudre / 30 g de sucre en poudre / 10 gouttes de colorant brun / 150 g de crème fraîche liquide / 90 g de chocolat blanc / 80 g de chocolat noir pâtissier.

35 PETITS MACARONS — PRÉP. : 20 MIN — CUISS. : 20 MIN
REPOS : 3 H

1 › La veille, réserver les blancs d'œufs au réfrigérateur.
2 › Le jour même, sortir les blancs d'œufs du réfrigérateur 1 heure au minimum avant la préparation.
3 › Mixer 65 g de poudre d'amande avec 75 g de sucre glace et le cacao. Tamiser la poudre obtenue à l'aide d'une passoire fine.
4 › Mixer le reste de poudre d'amande avec le reste de sucre glace. Tamiser la poudre obtenue dans un récipient à part au-dessus d'une passoire fine.
5 › Fouetter les blancs en neige puis, lorsqu'ils commencent à prendre consistance, incorporer progressivement le sucre en poudre tout en continuant à fouetter. Monter les blancs en neige jusqu'à formation de « becs d'oiseau ».
6 › Répartir les blancs montés en neige dans deux saladiers distincts. Verser le colorant dans un des deux saladiers et fouetter jusqu'à obtention d'une couleur homogène. Incorporer ensuite la poudre cacaotée et les lier avec une spatule jusqu'à obtention d'un ruban lisse et brillant.
7 › Ajouter le reste des poudres aux blancs d'œufs restants dans l'autre saladier et les lier avec une spatule jusqu'à obtention d'un ruban lisse et brillant.
8 › Déposer une feuille de papier sulfurisé sur une plaque. Former des dômes d'une taille d'environ 3 cm en les espaçant d'au moins 2 cm.
9 › Laisser reposer les dômes formés 3 heures au minimum.
10 › Enfourner la plaque de coques pour 16 minutes à 130 °C (th. 4-5).
11 › Laisser refroidir les coques quelques minutes à la sortie du four puis les décoller de la plaque.
12 › Porter à frémir dans une petite casserole 75 g de crème fraîche liquide, y incorporer le chocolat blanc, faire fondre le mélange hors du feu.
13 › Renouveler l'opération en portant à frémir le reste de crème fraîche liquide dans une autre petite casserole et en y incorporant le chocolat noir hors du feu. Bien mélanger.
14 › Laisser refroidir les deux ganaches au chocolat.
15 › Déposer une noix de ganache noire sur un quart des coques et une noix de ganache blanche sur un autre quart des coques. Refermer les macarons avec les coques brunes ou blanches selon les effets choisis.
16 › Presser délicatement jusqu'à ce que la ganache se répartisse sur l'ensemble des coques.

coco rhum mangue

3 blancs d'œufs / 100 g de poudre d'amande / 150 g de sucre glace / 50 g de noix de coco en poudre / 30 g de sucre en poudre / 4 gouttes de colorant rouge / 2 mangues bien mûres ou en conserve / 30 cl de lait de coco / 2 cuil. à soupe de rhum / 70 g de chocolat blanc.

35 PETITS MACARONS — PRÉP. : 20 MIN — CUISS. : 16 MIN
REPOS : 3 H

1 › La veille, réserver les blancs d'œufs au réfrigérateur.
2 › Le jour même, sortir les blancs d'œufs du réfrigérateur 1 heure au minimum avant la préparation.
3 › Mixer la poudre d'amande avec le sucre glace et la noix de coco. Tamiser la poudre obtenue à l'aide d'une passoire fine.
4 › Fouetter les blancs en neige puis, lorsqu'ils commencent à prendre consistance, incorporer progressivement le sucre en poudre tout en continuant à fouetter. Monter les blancs en neige jusqu'à formation de « becs d'oiseau ».
5 › Ajouter ensuite le colorant et fouetter jusqu'à obtention d'une couleur homogène.
6 › Ajouter les poudres aux blancs d'œufs montés en neige et les lier délicatement avec une spatule jusqu'à obtention d'un ruban lisse et brillant.
7 › Déposer une feuille de papier sulfurisé sur une plaque. Former des dômes d'une taille d'environ 3 cm en les espaçant d'au moins 2 cm.
8 › Laisser reposer les dômes formés 3 heures au minimum.
9 › Enfourner la plaque de coques pour 13 minutes à 150 °C (th. 5) au-dessus de deux autres plaques vides.
10 › Laisser refroidir les coques quelques minutes à la sortie du four puis les décoller de la plaque.
11 › Éplucher et tailler les mangues en morceaux. Les mixer.
12 › Porter le lait de coco à frémir dans une petite casserole avec la purée de mangue et le rhum. Incorporer le chocolat blanc et faire fondre le mélange en remuant bien hors du feu. Laisser refroidir.
13 › Déposer une noix de ganache à la mangue sur la moitié des coques puis refermer les macarons avec les autres coques en pressant délicatement jusqu'à ce que la ganache se répartisse sur l'ensemble des coques.

Il est possible de saupoudrer les coques de noix de coco avant de les enfourner.

le croquant chocolat
Grand Marnier

3 blancs d'œufs / 130 g de poudre d'amande / 150 g de sucre glace / 25 g de cacao amer / 30 g de sucre en poudre / 15 gouttes de colorant brun / 150 g de crème fraîche liquide / 2 cuil. à soupe de Grand Marnier / 150 g de chocolat noir pâtissier / 1 poignée de noisettes émondées.

35 PETITS MACARONS — PRÉP. : 20 MIN — CUISS. : 16 MIN
REPOS : 3 H

1 › La veille, réserver les blancs d'œufs au réfrigérateur.
2 › Le jour même, sortir les blancs d'œufs du réfrigérateur 1 heure au minimum avant la préparation.
3 › Mixer la poudre d'amande avec le sucre glace et le cacao. Tamiser la poudre obtenue à l'aide d'une passoire fine.
4 › Fouetter les blancs en neige puis, lorsqu'ils commencent à prendre consistance, incorporer progressivement le sucre en poudre tout en continuant à fouetter. Monter les blancs en neige jusqu'à formation de « becs d'oiseau ».
5 › Ajouter ensuite le colorant et fouetter jusqu'à obtention d'une couleur homogène.
6 › Ajouter les poudres aux blancs d'œufs montés en neige et les lier délicatement avec une spatule jusqu'à obtention d'un ruban lisse et brillant.
7 › Déposer une feuille de papier sulfurisé sur une plaque. Former des dômes d'une taille d'environ 3 cm en les espaçant d'au moins 2 cm.
8 › Laisser reposer les dômes formés 3 heures au minimum.
9 › Enfourner la plaque de coques pour 13 minutes à 150 °C (th. 5) au-dessus de deux autres plaques vides.
10 › Porter à frémir dans une petite casserole la crème fraîche liquide, ajouter le Grand Marnier, y incorporer le chocolat noir et faire fondre le mélange hors du feu. Laisser refroidir.
11 › Laisser refroidir les coques quelques minutes à la sortie du four puis les décoller de la plaque.
12 › Concasser les noisettes et les faire griller à sec dans une poêle.
13 › Déposer une noix de ganache au chocolat sur la moitié des coques, ajouter quelques éclats de noisette puis refermer les macarons avec les autres coques en pressant délicatement jusqu'à ce que la ganache se répartisse sur l'ensemble des coques.

Fève de tonka et crème pralinée

3 blancs d'œufs / 2 fèves de tonka / 130 g de poudre d'amande / 150 g de sucre glace / 30 g de sucre en poudre / 5 gouttes de colorant brun / 5 gouttes de colorant rouge / 150 g de crème fraîche liquide / 150 g de chocolat praliné.

35 PETITS MACARONS — PRÉP. : 20 MIN — CUISS. : 13 MIN
REPOS : 3 H

1 › La veille, réserver les blancs d'œufs au réfrigérateur.
2 › Le jour même, sortir les blancs d'œufs du réfrigérateur 1 heure au minimum avant la préparation.
3 › Râper les fèves de tonka.
4 › Mixer la poudre d'amande avec le sucre glace et les fèves de tonka râpées. Tamiser la poudre obtenue à l'aide d'une passoire fine.
5 › Fouetter les blancs en neige puis, lorsqu'ils commencent à prendre consistance, incorporer progressivement le sucre en poudre tout en continuant à fouetter. Monter les blancs en neige jusqu'à formation de « becs d'oiseau ».
6 › Ajouter ensuite les colorants et fouetter jusqu'à obtention d'une couleur homogène.
7 › Ajouter les poudres aux blancs d'œufs montés en neige et les lier délicatement avec une spatule jusqu'à obtention d'un ruban lisse et brillant.
8 › Déposer une feuille de papier sulfurisé sur une plaque. Former des dômes d'une taille d'environ 3 cm en les espaçant d'au moins 2 cm.
9 › Laisser reposer les dômes formés 3 heures au minimum.
10 › Enfourner la plaque de coques pour 13 minutes à 150 °C (th. 5) au-dessus de deux autres plaques vides.
11 › Laisser refroidir les coques quelques minutes à la sortie du four puis les décoller de la plaque.
12 › Porter à frémir dans une petite casserole la crème fraîche liquide, y incorporer le chocolat praliné en morceaux, faire fondre le mélange hors du feu. Laisser refroidir.
13 › Déposer une noix de crème pralinée sur la moitié des coques puis refermer les macarons avec les autres coques en pressant délicatement jusqu'à ce que la crème se répartisse sur l'ensemble des coques.

fraise glacée

3 blancs d'œufs / 130 g de poudre d'amande / 150 g de sucre glace / 30 g de sucre en poudre / 8 gouttes de colorant rouge / 1 l de glace à la fraise / Quelques copeaux de chocolat noir.

35 PETITS MACARONS — PRÉP. : 20 MIN — CUISS. : 13 MIN
REPOS : 3 H

1 › La veille, réserver les blancs d'œufs au réfrigérateur.
2 › Le jour même, sortir les blancs d'œufs du réfrigérateur 1 heure au minimum avant la préparation.
3 › Mixer la poudre d'amande avec le sucre glace. Tamiser la poudre obtenue à l'aide d'une passoire fine.
4 › Fouetter les blancs en neige puis, lorsqu'ils commencent à prendre consistance, incorporer progressivement le sucre en poudre tout en continuant à fouetter. Monter les blancs en neige jusqu'à formation de « becs d'oiseau ».
5 › Ajouter ensuite le colorant rouge et fouetter jusqu'à obtention d'une couleur homogène.
6 › Ajouter les poudres aux blancs d'œufs monté en neige et les lier délicatement avec une spatule jusqu'à obtention d'un ruban lisse et brillant.
7 › Déposer une feuille de papier sulfurisé sur une plaque. Former des dômes d'une taille d'environ 3 cm en les espaçant d'au moins 2 cm.
8 › Laisser reposer les dômes formés 3 heures au minimum.
9 › Enfourner la plaque de coques pour 13 minutes à 150 °C (th. 5) au-dessus de deux autres plaques vides.
10 › Laisser refroidir les coques quelques minutes à la sortie du four puis les décoller de la plaque.
11 › Au moment de servir, former de petits boudins de glace à la fraise à l'aide de deux cuillères à moka et les déposer sur la moitié des coques puis refermer les macarons avec les autres coques en pressant délicatement.
12 › Déposer quelques copeaux de chocolat sur le dessus des macarons et servir aussitôt.

Les copeaux de chocolat sont taillés avec un couteau dans les carrés de chocolat. Ils peuvent être remplacés par des paillettes de chocolat, un nuage de cacao en poudre jeté au pinceau ou une touche de chocolat noir fondu.

› fève de tonka et crème pralinée p. 44

› fraise glacée p. 45

marrons glacés

3 blancs d'œufs / 130 g de poudre d'amande / 150 g de sucre glace / 1 cuil. à café de vanille en poudre / 30 g de sucre en poudre / 5 gouttes de colorant brun / 60 g de beurre mou / 220 g de crème de marrons / 1 cuil. à soupe d'armagnac / Brisures de marrons glacés (l'équivalent de 3 marrons glacés).

35 PETITS MACARONS — PRÉP. : 20 MIN — CUISS. : 13 MIN
REPOS : 3 H

1 › La veille, réserver les blancs d'œufs au réfrigérateur.
2 › Le jour même, sortir les blancs d'œufs du réfrigérateur 1 heure au minimum avant la préparation.
3 › Mixer la poudre d'amande avec le sucre glace et la vanille. Tamiser la poudre obtenue à l'aide d'une passoire fine.
4 › Fouetter les blancs en neige puis, lorsqu'ils commencent à prendre consistance, incorporer progressivement le sucre en poudre tout en continuant à fouetter. Monter les blancs en neige jusqu'à formation de « becs d'oiseau ».
5 › Ajouter ensuite le colorant et fouetter jusqu'à obtention d'une couleur homogène.
6 › Ajouter les poudres aux blancs d'œufs montés en neige et les lier délicatement avec une spatule jusqu'à obtention d'un ruban lisse et brillant.
7 › Déposer une feuille de papier sulfurisé sur une plaque. Former des dômes d'une taille d'environ 3 cm en les espaçant d'au moins 2 cm.
8 › Laisser reposer les dômes formés 3 heures au minimum.
9 › Enfourner la plaque de coques pour 13 minutes à 150 °C (th. 5) au-dessus de deux autres plaques vides.
10 › Laisser refroidir les coques quelques minutes à la sortie du four puis les décoller de la plaque.
11 › Fouetter le beurre mou taillé en dés avec la crème de marrons jusqu'à obtention d'une texture lisse. Ajouter l'armagnac et les brisures de marron, fouetter à nouveau.
12 › Déposer une noix de crème aux marrons sur la moitié des coques puis refermer les macarons avec les autres coques en pressant délicatement jusqu'à ce que la crème se répartisse sur l'ensemble des coques.

pomme caramélisée

3 blancs d'œufs / 130 g de poudre d'amande / 150 g de sucre glace / Une pincée de muscade en poudre / Une pincée de cannelle en poudre / 30 g de sucre en poudre / 3 gouttes de colorant brun / 3 gouttes de colorant jaune / 300 g de pommes / 2 cuil. à soupe de sucre cassonade / 1 gousse de vanille.

35 PETITS MACARONS — PRÉP. : 25 MIN — CUISS. : 33 MIN
REPOS : 3 H

1 › La veille, réserver les blancs d'œufs au réfrigérateur.

2 › Le jour même, sortir les blancs d'œufs du réfrigérateur 1 heure au minimum avant la préparation.

3 › Mixer la poudre d'amande avec le sucre glace, la muscade et la cannelle. Tamiser la poudre obtenue à l'aide d'une passoire fine.

4 › Fouetter les blancs en neige puis, lorsqu'ils commencent à prendre consistance, incorporer progressivement le sucre en poudre tout en continuant à fouetter. Monter les blancs en neige jusqu'à formation de « becs d'oiseau ».

5 › Ajouter ensuite les colorants et fouetter jusqu'à obtention d'une couleur homogène.

6 › Ajouter les poudres aux blancs d'œufs montés en neige et les lier délicatement avec une spatule jusqu'à obtention d'un ruban lisse et brillant.

7 › Déposer une feuille de papier sulfurisé sur une plaque. Former des dômes d'une taille d'environ 3 cm en les espaçant d'au moins 2 cm.

8 › Laisser reposer les dômes formés 3 heures au minimum.

9 › Enfourner la plaque de coques pour 13 minutes à 150 °C (th. 5) au-dessus de deux autres plaques vides.

10 › Laisser refroidir les coques quelques minutes à la sortie du four puis les décoller de la plaque.

11 › Mettre dans une casserole les pommes épluchées et coupées en petits dés, la cassonade, la gousse de vanille fendue dans la longueur et un verre d'eau. Laisser compoter 20 minutes à feu doux. Ôter la gousse de vanille. Laisser refroidir.

12 › Déposer un peu de compotée sur la moitié des coques puis refermer les macarons avec les autres coques en pressant délicatement jusqu'à ce que la compotée se répartisse sur l'ensemble des coques.

rhubarbe gingembre

3 blancs d'œufs / 130 g de poudre d'amande / 150 g de sucre glace / Deux pincées de gingembre en poudre / 210 g de sucre en poudre / 800 g de rhubarbe / 2 g d'agar-agar.

35 PETITS MACARONS — PRÉP. : 25 MIN — CUISS. : 35 MIN
REPOS : 3 H

1 › La veille, réserver les blancs d'œufs au réfrigérateur.

2 › Le jour même, sortir les blancs d'œufs du réfrigérateur 1 heure au minimum avant la préparation.

3 › Mixer la poudre d'amande avec le sucre glace et le gingembre. Tamiser la poudre obtenue à l'aide d'une passoire fine.

4 › Fouetter les blancs en neige puis, lorsqu'ils commencent à prendre consistance, incorporer progressivement 30 g de sucre en poudre tout en continuant à fouetter. Monter les blancs en neige jusqu'à formation de « becs d'oiseau ».

5 › Ajouter les poudres aux blancs d'œufs montés en neige et les lier délicatement avec une spatule jusqu'à obtention d'un ruban lisse et brillant.

6 › Déposer une feuille de papier sulfurisé sur une plaque. Former des dômes d'une taille d'environ 3 cm en les espaçant d'au moins 2 cm.

7 › Laisser reposer les dômes formés 3 heures au minimum.

8 › Éplucher les tiges de rhubarbe et les couper en morceaux. Les mettre à cuire dans une casserole avec le reste de sucre. Remuer puis laisser mijoter pendant 20 minutes. Ajouter l'agar-agar et laisser chauffer encore 2 minutes puis réserver. Laisser refroidir.

9 › Enfourner la plaque de coques pour 13 minutes à 150 °C (th. 5) au-dessus de deux autres plaques vides.

10 › Laisser refroidir les coques quelques minutes à la sortie du four puis les décoller de la plaque.

11 › Déposer une noix de gelée sur la moitié des coques puis refermer les macarons avec les autres coques en pressant délicatement.

› pomme caramélisée p. 50

› rhubarbe gingembre p. 51

sésame mangue

3 blancs d'œufs / 130 g de poudre d'amande / 150 g de sucre glace / 70 g de sucre en poudre / 8 gouttes de colorant orange / 300 g de mangues / 20 g d'agar-agar / 50 g de graines de sésame.

35 PETITS MACARONS — PRÉP. : 25 MIN — CUISS. : 33 MIN
REPOS : 3 H

1 › La veille, réserver les blancs d'œufs au réfrigérateur.

2 › Le jour même, sortir les blancs d'œufs du réfrigérateur 1 heure au minimum avant la préparation.

3 › Mixer la poudre d'amande avec le sucre glace. Tamiser la poudre obtenue à l'aide d'une passoire fine.

4 › Fouetter les blancs en neige puis, lorsqu'ils commencent à prendre consistance, incorporer progressivement 30 g de sucre en poudre tout en continuant à fouetter. Monter les blancs en neige jusqu'à formation de « becs d'oiseau ».

5 › Ajouter ensuite le colorant et fouetter jusqu'à obtention d'une couleur homogène.

6 › Ajouter les poudres aux blancs d'œufs montés en neige et les lier délicatement avec une spatule jusqu'à obtention d'un ruban lisse et brillant.

7 › Déposer une feuille de papier sulfurisé sur une plaque. Former des dômes d'une taille d'environ 3 cm en les espaçant d'au moins 2 cm.

8 › Laisser reposer les dômes formés 3 heures au minimum.

9 › Éplucher et tailler les mangues en morceaux. Dans une petite casserole, faire fondre à feu doux les morceaux de mangue avec le reste de sucre en poudre et l'agar-agar. Laisser chauffer 20 minutes puis mixer le tout. Réserver au frais.

10 › Saupoudrer généreusement les coques avec les graines de sésame. Enfourner la plaque de coques pour 13 minutes à 150 °C (th. 5) au-dessus de deux autres plaques vides.

11 › Laisser refroidir les coques quelques minutes à la sortie du four puis les décoller de la plaque.

12 › Déposer une noix de gelée de mangue sur la moitié des coques puis refermer les macarons avec les autres coques en pressant délicatement jusqu'à ce que la gelée se répartisse sur l'ensemble des coques.

gelée de pétales de rose litchi

3 blancs d'œufs / 130 g de poudre d'amande / 150 g de sucre glace / 60 g de sucre en poudre / 4 gouttes de colorant fuchsia / 1 feuille de gélatine / 200 g de litchis / 2 cuil. à soupe de confiture de roses.

35 PETITS MACARONS — PRÉP. : 25 MIN — CUISS. : 16 MIN
REPOS : 3 H

1 › La veille, réserver les blancs d'œufs au réfrigérateur.
2 › Le jour même, sortir les blancs d'œufs du réfrigérateur 1 heure au minimum avant la préparation.
3 › Mixer la poudre d'amande avec le sucre glace. Tamiser la poudre obtenue à l'aide d'une passoire fine.
4 › Fouetter les blancs en neige puis, lorsqu'ils commencent à prendre consistance, incorporer progressivement 30 g de sucre en poudre tout en continuant à fouetter. Monter les blancs en neige jusqu'à formation de « becs d'oiseau ».
5 › Ajouter ensuite le colorant et fouetter jusqu'à obtention d'une couleur homogène.
6 › Ajouter les poudres aux blancs d'œufs montés en neige et les lier délicatement avec une spatule jusqu'à obtention d'un ruban lisse et brillant.
7 › Déposer une feuille de papier sulfurisé sur une plaque. Former des dômes d'une taille d'environ 3 cm en les espaçant d'au moins 2 cm.
8 › Laisser reposer les dômes formés 3 heures au minimum.
9 › Enfourner la plaque de coques pour 13 minutes à 150 °C (th. 5) au-dessus de deux autres plaques vides.
10 › Laisser refroidir les coques quelques minutes à la sortie du four puis les décoller de la plaque.
11 › Mettre la feuille de gélatine à tremper dans un bol d'eau froide. Éplucher, dénoyauter et mixer les litchis.
12 › Porter à frémir dans une petite casserole le coulis de litchis, le sucre restant, la confiture de roses et la feuille de gélatine essorée. Bien remuer et laisser frémir 2 minutes. Ôter du feu et laisser refroidir.
13 › Déposer une noix de gelée sur la moitié des coques puis refermer les macarons avec les autres coques en pressant délicatement.

macarons anisés

aux olives vertes

3 blancs d'œufs / 130 g de poudre d'amande / 150 g de sucre glace / 30 g de sucre en poudre / 2 g de badiane en poudre / 5 gouttes de colorant vert / 300 g d'olives vertes dénoyautées / Une petite poignée de pignons de pin / 4 cuil. à soupe d'huile d'olive.

35 PETITS MACARONS — PRÉP. : 20 MIN — CUISS. : 13 MIN
REPOS : 3 H

1 › La veille, réserver les blancs d'œufs au réfrigérateur.
2 › Le jour même, sortir les blancs d'œufs du réfrigérateur 1 heure au minimum avant la préparation.
3 › Mixer la poudre d'amande avec le sucre glace. Tamiser la poudre obtenue à l'aide d'une passoire fine.
4 › Fouetter les blancs en neige puis, lorsqu'ils commencent à prendre consistance, incorporer progressivement le sucre en poudre et la badiane tout en continuant à fouetter. Monter les blancs en neige jusqu'à formation de « becs d'oiseau ».
5 › Ajouter ensuite le colorant et fouetter jusqu'à obtention d'une couleur homogène.
6 › Ajouter les poudres aux blancs d'œufs montés en neige et les lier délicatement avec une spatule jusqu'à obtention d'un ruban lisse et brillant.
7 › Déposer une feuille de papier sulfurisé sur une plaque. Former des dômes d'une taille d'environ 3 cm en les espaçant d'au moins 2 cm.
8 › Laisser reposer les dômes formés 3 heures au minimum.
9 › Enfourner la plaque de coques pour 13 minutes à 150 °C (th. 5) au-dessus de deux autres plaques vides.
10 › Laisser refroidir les coques quelques minutes à la sortie du four puis les décoller de la plaque.
11 › Mixer les olives avec les pignons de pin. Ajouter progressivement l'huile d'olive en remuant comme pour monter une mayonnaise.
12 › Déposer une noix de tapenade sur la moitié des coques puis refermer les macarons avec les autres coques en pressant délicatement jusqu'à ce que la tapenade se répartisse sur l'ensemble des coques.

macarons au tarama blanc

3 blancs d'œufs / 130 g de poudre d'amande / 150 g de sucre glace / 30 g de sucre en poudre / 2 gouttes de colorant rouge / 2 cuil. à soupe d'œufs de mulet / 1 citron / 8 tranches de pain de mie / 15 cl d'huile d'olive / 1 petite boîte d'œufs de saumon (facultatif).

••• ››› 35 PETITS MACARONS — PRÉP. : 25 MIN — CUISS. : 13 MIN
REPOS : 3 H

1 › La veille, réserver les blancs d'œufs au réfrigérateur.
2 › Le jour même, sortir les blancs d'œufs du réfrigérateur 1 heure au minimum avant la préparation.
3 › Mixer la poudre d'amande avec le sucre glace. Tamiser la poudre obtenue à l'aide d'une passoire fine.
4 › Fouetter les blancs en neige puis, lorsqu'ils commencent à prendre consistance, incorporer progressivement le sucre en poudre tout en continuant à fouetter. Monter les blancs en neige jusqu'à formation de « becs d'oiseau ».
5 › Ajouter ensuite le colorant et fouetter jusqu'à obtention d'une couleur homogène.
6 › Ajouter les poudres aux blancs d'œufs montés en neige et les lier délicatement avec une spatule jusqu'à obtention d'un ruban lisse et brillant.
7 › Déposer une feuille de papier sulfurisé sur une plaque. Former des dômes d'une taille d'environ 3 cm en les espaçant d'au moins 2 cm.
8 › Laisser reposer les dômes formés 3 heures au minimum.
9 › Enfourner la plaque de coques pour 13 minutes à 150 °C (th. 5) au-dessus de deux autres plaques vides.
10 › Laisser refroidir les coques quelques minutes à la sortie du four puis les décoller de la plaque.
11 › Dans un petit saladier, mélanger les œufs de mulet avec le jus du citron. Ôter la croûte des tranches de pain de mie, les mouiller avec un peu d'eau, bien les essorer puis les écraser à la fourchette dans une assiette. Ajouter le pain de mie aux œufs de mulet en mélangeant délicatement afin de ne pas trop abîmer les œufs. Ajouter ensuite très progressivement l'huile d'olive en fouettant comme pour monter une mayonnaise. Mettre la quantité d'huile nécessaire jusqu'à la consistance souhaitée.
12 › Déposer une noix de tarama sur la moitié des coques, ajouter quelques œufs de saumon puis refermer les macarons avec les autres coques en pressant délicatement.

› macarons anisés aux olives vertes p. 58

magret et figues sur macaron au miel

2 blancs d'œufs / 90 g de poudre d'amande / 100 g de sucre glace / 20 g de miel / 300 g de figues fraîches / 2 oranges / 30 g de sucre en poudre / 50 g de pignons de pin / 20 tranches de magret séché.

20 MACARONS — PRÉP. : 25 MIN — CUISS. : 34 MIN
REPOS : 3 H

1 › La veille, réserver les blancs d'œufs au réfrigérateur.
2 › Le jour même, sortir les blancs d'œufs du réfrigérateur 1 heure au minimum avant la préparation.
3 › Mixer la poudre d'amande avec le sucre glace. Tamiser la poudre obtenue à l'aide d'une passoire fine.
4 › Fouetter les blancs en neige avec le miel puis, lorsqu'ils commencent à prendre consistance, incorporer le miel tout en continuant à fouetter. Monter les blancs en neige très fermement.
5 › Ajouter les poudres aux blancs d'œufs montés en neige et les lier délicatement avec une spatule jusqu'à obtention d'un ruban lisse et brillant.
6 › Déposer une feuille de papier sulfurisé sur une plaque. Former des dômes d'une taille d'environ 6 cm en les espaçant d'au moins 2 cm.
7 › Laisser reposer les dômes formés 3 heures au minimum.
8 › Enfourner la plaque de coques pour 14 minutes à 150 °C (th. 5) au-dessus de deux autres plaques vides.
9 › Laisser refroidir les coques quelques minutes à la sortie du four puis les décoller de la plaque.
10 › Ôter la chair des figues et la détailler en dés.
11 › Faire chauffer dans une casserole le jus des oranges avec la chair des figues et le sucre. Laisser réduire à feu doux 15 à 20 minutes. Ôter du feu et laisser refroidir.
12 › Faire griller les pignons à sec dans une poêle antiadhésive.
13 › Déposer un peu de purée de figues sur les coques, ajouter quelques pignons grillés et surmonter avec une tranche de magret de canard séché.

muscade vanille potiron

3 blancs d'œufs / 130 g de poudre d'amande / 150 g de sucre glace / Deux pincées de vanille en poudre / Une pincée de muscade en poudre / 30 g de sucre en poudre / 8 gouttes de colorant orange (ou jaune) / 80 g de potiron / 1 cuil. à soupe d'huile d'olive / 30 g de raisins secs de Corinthe / 100 g de chocolat blanc.

35 PETITS MACARONS — PRÉP. : 25 MIN — CUISS. : 28 MIN
REPOS : 3 H

1 › La veille, réserver les blancs d'œufs au réfrigérateur.
2 › Le jour même, sortir les blancs d'œufs du réfrigérateur 1 heure au minimum avant la préparation.
3 › Mixer la poudre d'amande avec le sucre glace, la vanille et la muscade. Tamiser la poudre obtenue à l'aide d'une passoire fine.
4 › Fouetter les blancs en neige puis, lorsqu'ils commencent à prendre consistance, incorporer progressivement le sucre en poudre tout en continuant à fouetter. Monter les blancs en neige jusqu'à formation de « becs d'oiseau ».
5 › Ajouter ensuite le colorant et fouetter jusqu'à obtention d'une couleur homogène.
6 › Ajouter les poudres aux blancs d'œufs montés en neige et les lier délicatement avec une spatule jusqu'à obtention d'un ruban lisse et brillant.
7 › Déposer une feuille de papier sulfurisé sur une plaque. Former des dômes d'une taille d'environ 3 cm en les espaçant d'au moins 2 cm.
8 › Laisser reposer les dômes formés 3 heures au minimum.
9 › Éplucher le morceau de potiron, en ôter les graines et le tailler en dés de 1 à 2 cm. Faire revenir les dés dans une poêle chauffée avec l'huile d'olive en remuant régulièrement jusqu'à ce que les morceaux soient moelleux.
10 › Mixer le potiron avec les raisins secs.
11 › Faire fondre le chocolat blanc au bain-marie dans une casserole. Incorporer le chocolat fondu à la purée de potiron, bien mélanger et laisser refroidir.
12 › Enfourner la plaque de coques pour 13 minutes à 150 °C (th. 5) au-dessus de deux autres plaques vides.
13 › Laisser refroidir les coques quelques minutes à la sortie du four puis les décoller de la plaque.
14 › Déposer une noix de ganache au potiron sur la moitié des coques puis refermer les macarons avec les autres coques en pressant délicatement jusqu'à ce que la ganache se répartisse sur l'ensemble des coques.

noix de Saint-Jacques

3 blancs d'œufs / 8 noix de Saint-Jacques (du même diamètre que celui formé pour les macarons) / 130 g de poudre d'amande / 150 g de sucre glace / 30 g de sucre en poudre / 5 gouttes de colorant jaune ou vert / 3 ou 4 gouttes d'arôme citron / 1 citron jaune / 1 feuille de gélatine / 25 cl de crème fraîche liquide / 2 cuil. à soupe d'huile d'olive / 30 g de cassonade / 1 citron vert / Fleur de sel, poivre.

••• ››› 20 MACARONS — PRÉP. : 30 MIN — CUISS. : 14 MIN
REPOS : 4 H

1 › La veille, réserver les blancs d'œufs au réfrigérateur.

2 › Le jour même, sortir les blancs d'œufs du réfrigérateur 1 heure au minimum avant la préparation.

3 › Serrer les noix de Saint-Jacques dans un film alimentaire et les réserver 30 minutes au congélateur.

4 › Mixer la poudre d'amande avec le sucre glace. Tamiser la poudre obtenue à l'aide d'une passoire fine.

5 › Fouetter les blancs en neige puis, lorsqu'ils commencent à prendre consistance, incorporer progressivement le sucre en poudre tout en continuant à fouetter. Monter les blancs en neige jusqu'à formation de « becs d'oiseau ».

6 › Ajouter ensuite le colorant et l'arôme citron, fouetter.

7 › Ajouter les poudres aux blancs d'œufs montés en neige et les lier délicatement avec une spatule jusqu'à obtention d'un ruban lisse et brillant.

8 › Déposer une feuille de papier sulfurisé sur une plaque. Former des dômes d'une taille d'environ 3 cm en les espaçant d'au moins 2 cm.

9 › Laisser reposer les dômes formés 3 heures au minimum.

10 › Enfourner la plaque de coques pour 14 minutes à 150 °C (th. 5) au-dessus de deux autres plaques vides.

11 › Laisser refroidir les coques quelques minutes à la sortie du four.

12 › Mettre à tremper la feuille de gélatine dans un bol d'eau.

13 › Battre la crème dans un saladier avec la cassonade.

14 › Mettre le jus du citron jaune à chauffer dans une petite casserole et y faire fondre la feuille de gélatine essorée. Mélanger délicatement la gélatine citronnée avec la crème fouettée et réserver au frais 30 minutes.

15 › Mélanger dans un bol l'huile d'olive, le jus du citron vert, une pincée de sel.

16 › Découper les noix de Saint-Jacques dans l'épaisseur en plusieurs fines lamelles. Les imbiber du mélange d'huile d'olive et de citron.

17 › Déposer une noix de mousse au citron sur les coques, disposer 2 lamelles de Saint-Jacques, ajouter la fleur de sel et poivrer.

pain d'épice foie gras

3 blancs d'œufs / 130 g de poudre d'amande / 150 g de sucre glace / Une pincée d'anis vert en poudre / Une pincée de muscade en poudre / Une pincée de cannelle en poudre / Une pincée de gingembre en poudre / Une pincée de quatre-épices en poudre / 30 g de sucre en poudre / 4 gouttes de colorant brun / 125 g de foie gras / 80 g de crème fraîche liquide.

••• ››› 35 PETITS MACARONS — PRÉP. : 20 MIN — CUISS. : 16 MIN
REPOS : 3 H

1 › La veille, réserver les blancs d'œufs au réfrigérateur.

2 › Le jour même, sortir les blancs d'œufs du réfrigérateur 1 heure au minimum avant la préparation.

3 › Mixer la poudre d'amande avec le sucre glace, l'anis vert, la muscade, la cannelle, le gingembre et le quatre-épices. Tamiser la poudre obtenue à l'aide d'une passoire fine.

4 › Fouetter les blancs en neige puis, lorsqu'ils commencent à prendre consistance, incorporer progressivement le sucre en poudre tout en continuant à fouetter. Monter les blancs en neige jusqu'à formation de « becs d'oiseau ».

5 › Ajouter ensuite le colorant et fouetter jusqu'à obtention d'une couleur homogène.

6 › Ajouter les poudres aux blancs d'œufs montés en neige et les lier délicatement avec une spatule jusqu'à obtention d'un ruban lisse et brillant.

7 › Déposer une feuille de papier sulfurisé sur une plaque. Former des dômes d'une taille d'environ 3 cm en les espaçant d'au moins 2 cm.

8 › Laisser reposer les dômes formés 3 heures au minimum.

9 › Tailler le foie gras en dés. Porter la crème fraîche liquide à frémir dans une petite casserole, y incorporer les dés de foie gras et les faire fondre dans la crème en mélangeant sur feu doux. Ôter du feu et laisser refroidir. Réserver au frais.

10 › Enfourner la plaque de coques pour 13 minutes à 150 °C (th. 5) au-dessus de deux autres plaques vides.

11 › Laisser refroidir les coques quelques minutes à la sortie du four puis les décoller de la plaque.

12 › Déposer une noix de ganache au foie gras sur la moitié des coques puis refermer les macarons avec les autres coques en pressant délicatement jusqu'à ce que la ganache se répartisse sur l'ensemble des coques.

L'ensemble des épices de la recette peut être remplacé par du mélange spécial pain d'épice.

verveine miel

3 blancs d'œufs / 130 g de poudre d'amande / 150 g de sucre glace / 1 cuil. à café de vanille en poudre / 30 g de sucre en poudre / 4 gouttes de colorant vert / 70 cl de crème fraîche liquide / 1/2 citron / 1 poignée de feuilles de verveine (ou 2 sachets d'infusion à la verveine) / 150 g de chocolat blanc / 25 g de miel liquide.

35 PETITS MACARONS — PRÉP. : 20 MIN — CUISS. : 18 MIN
REPOS : 3 H 20 MIN

1 › La veille, réserver les blancs d'œufs au réfrigérateur.

2 › Le jour même, sortir les blancs d'œufs du réfrigérateur 1 heure au minimum avant la préparation.

3 › Mixer la poudre d'amande avec le sucre glace et 1 cuillerée à café de vanille. Tamiser la poudre obtenue à l'aide d'une passoire fine.

4 › Fouetter les blancs en neige puis, lorsqu'ils commencent à prendre consistance, incorporer progressivement le sucre en poudre tout en continuant à fouetter. Monter les blancs en neige jusqu'à formation de « becs d'oiseau ».

5 › Ajouter le colorant et fouetter à nouveau jusqu'à obtention d'une couleur homogène.

6 › Ajouter les poudres aux blancs d'œufs montés en neige et les lier délicatement avec une spatule jusqu'à obtention d'un ruban lisse et brillant.

7 › Déposer une feuille de papier sulfurisé sur une plaque. Former des dômes d'une taille d'environ 3 cm en les espaçant d'au moins 2 cm.

8 › Laisser reposer les dômes formés 3 heures au minimum.

9 › Porter à frémir dans une petite casserole la crème fraîche liquide et le jus du citron puis ôter du feu et y laisser les feuilles de verveine 20 minutes.

10 › Filtrer les feuilles de verveine, porter à nouveau la crème à frémir sur le feu et y incorporer le chocolat blanc et le miel, faire fondre le mélange hors du feu. Laisser refroidir.

11 › Enfourner la plaque de coques pour 13 minutes à 150 °C (th. 5) au-dessus de deux autres plaques vides.

12 › Laisser refroidir les coques quelques minutes à la sortie du four puis les décoller de la plaque.

13 › Déposer une noix de ganache à la verveine et au miel sur la moitié des coques puis refermer les macarons avec les autres coques en pressant délicatement jusqu'à ce que la ganache se répartisse sur l'ensemble des coques.

Les feuilles ou sachets de verveine peuvent être remplacés par 5 ou 6 gouttes d'arôme verveine.

caviar d'aubergine

3 blancs d'œufs / 130 g de poudre d'amande / 150 g de sucre glace / 30 g de sucre en poudre / 10 gouttes de colorant violet / 3 aubergines / 2 ou 3 gousses d'ail / Huile d'olive / Quelques feuilles de coriandre fraîche / 1/2 citron / Sel, poivre.

35 PETITS MACARONS — PRÉP. : 25 MIN — CUISS. : 40 MIN
REPOS : 3 H

1 › La veille, réserver les blancs d'œufs au réfrigérateur.
2 › Le jour même, sortir les blancs d'œufs du réfrigérateur 1 heure au minimum avant la préparation.
3 › Mixer la poudre d'amande avec le sucre glace. Tamiser la poudre obtenue à l'aide d'une passoire fine.
4 › Fouetter les blancs en neige puis, lorsqu'ils commencent à prendre consistance, incorporer progressivement le sucre en poudre tout en continuant à fouetter. Monter les blancs en neige jusqu'à formation de « becs d'oiseau ».
5 › Ajouter ensuite le colorant et fouetter jusqu'à obtention d'une couleur homogène.
6 › Ajouter les poudres aux blancs d'œufs montés en neige et les lier délicatement avec une spatule jusqu'à obtention d'un ruban lisse et brillant.
7 › Déposer une feuille de papier sulfurisé sur une plaque. Former des dômes d'une taille d'environ 3 cm en les espaçant d'au moins 2 cm.
8 › Laisser reposer les dômes formés 3 heures au minimum.
9 › Ôter les pédoncules des aubergines et les couper en deux dans la longueur. Couvrir la plaque du four avec un papier cuisson et y déposer les demi-aubergines tête-bêche. Enfourner pour 20 minutes à 240 °C (th. 8).
10 › Hacher l'ail finement.
11 › Faire chauffer un filet d'huile d'olive dans une poêle, et y faire revenir la chair des aubergines récupérée à l'aide d'une cuillère. Écraser les aubergines à la fourchette jusqu'à en casser les fibres. Quand la purée commence à devenir bien homogène, ajouter le hachis d'ail, poursuivre la cuisson 1 minute.
12 › Dans un bol, mélanger la purée d'aubergine avec les feuilles de coriandre hachée, le jus du citron, du sel et du poivre. Ajouter de l'huile d'olive en mélangeant comme pour monter une mayonnaise. Réserver au frais.
13 › Enfourner la plaque de coques pour 15 minutes à 150 °C (th. 5) au-dessus de deux autres plaques vides.
14 › Laisser refroidir les coques quelques minutes à la sortie du four puis les décoller de la plaque.
15 › Déposer une noix de caviar d'aubergine sur la moitié des coques puis refermer les macarons avec les autres coques en pressant délicatement jusqu'à ce que le caviar se répartisse sur l'ensemble des coques.

caviar de tomate

3 blancs d'œufs / 130 g de poudre d'amande / 150 g de sucre glace / 30 g de sucre en poudre / 8 gouttes de colorant rouge / 10 petites tomates séchées / 130 g de mascarpone / 5 à 10 feuilles de basilic / Poivre noir.

››› 35 PETITS MACARONS — PRÉP. : 20 MIN — CUISS. : 13 MIN
REPOS : 3 H

1 › La veille, réserver les blancs d'œufs au réfrigérateur.
2 › Le jour même, sortir les blancs d'œufs du réfrigérateur 1 heure au minimum avant la préparation.
3 › Mixer la poudre d'amande avec le sucre glace. Tamiser la poudre obtenue à l'aide d'une passoire fine.
4 › Fouetter les blancs en neige puis, lorsqu'ils commencent à prendre consistance, incorporer progressivement le sucre en poudre tout en continuant à fouetter. Monter les blancs en neige jusqu'à formation de « becs d'oiseau ».
5 › Ajouter ensuite le colorant et fouetter jusqu'à obtention d'une couleur homogène.
6 › Ajouter les poudres aux blancs d'œufs montés en neige et les lier délicatement avec une spatule jusqu'à obtention d'un ruban lisse et brillant.
7 › Déposer une feuille de papier sulfurisé sur une plaque. Former des dômes d'une taille d'environ 3 cm en les espaçant d'au moins 2 cm.
8 › Laisser reposer les dômes formés 3 heures au minimum.
9 › Enfourner la plaque de coques pour 13 minutes à 150 °C (th. 5) au-dessus de deux autres plaques vides.
10 › Laisser refroidir les coques quelques minutes à la sortie du four puis les décoller de la plaque.
11 › Mixer les tomates séchées avec le mascarpone et le poivre.
12 › Déposer une noix de caviar de tomate sur la moitié des coques, ciseler un fin tapis de basilic sur le dessus, puis refermer les macarons avec les autres coques en pressant délicatement jusqu'à ce que le caviar de tomate se répartisse sur l'ensemble des coques.

confiture d'oignons grenadine

3 blancs d'œufs / 130 g de poudre d'amande / 150 g de sucre glace / 30 g de sucre en poudre / 3 gouttes de colorant rouge / 400 g d'oignons / 1 filet d'huile d'olive / 1 cuil. à soupe de cognac / 3 cuil. à soupe de sirop de grenadine / Une poignée de raisins secs / Sel, poivre.

35 PETITS MACARONS — PRÉP. : 25 MIN — CUISS. : 33 MIN
REPOS : 3 H

1 › La veille, réserver les blancs d'œufs au réfrigérateur.

2 › Le jour même, sortir les blancs d'œufs du réfrigérateur 1 heure au minimum avant la préparation.

3 › Mixer la poudre d'amande avec le sucre glace. Tamiser la poudre obtenue à l'aide d'une passoire fine.

4 › Fouetter les blancs en neige puis, lorsqu'ils commencent à prendre consistance, incorporer progressivement le sucre en poudre tout en continuant à fouetter. Monter les blancs en neige jusqu'à formation de « becs d'oiseau ».

5 › Ajouter ensuite le colorant et fouetter jusqu'à obtention d'une couleur homogène.

6 › Ajouter les poudres aux blancs d'œufs montés en neige et les lier délicatement avec une spatule jusqu'à obtention d'un ruban lisse et brillant.

7 › Déposer une feuille de papier sulfurisé sur une plaque. Former des dômes d'une taille d'environ 3 cm en les espaçant d'au moins 2 cm.

8 › Laisser reposer les dômes formés 3 heures au minimum.

9 › Éplucher et hacher finement les oignons. Les faire revenir dans une poêle chauffée avec l'huile d'olive. Remuer régulièrement afin que les oignons jaunissent sans brunir. Après 5 minutes de cuisson environ, ajouter le cognac, la grenadine, les raisins secs, un verre d'eau, du sel et du poivre. Mélanger régulièrement jusqu'à réduction complète du jus. Réserver au frais.

10 › Enfourner la plaque de coques pour 13 minutes à 150 °C (th. 5) au-dessus de deux autres plaques vides.

11 › Laisser refroidir les coques quelques minutes à la sortie du four puis les décoller de la plaque.

12 › Déposer une noix de confiture d'oignons sur la moitié des coques puis refermer les macarons avec les autres coques en pressant délicatement jusqu'à ce que la confiture se répartisse sur l'ensemble des coques.

En ajoutant quelques copeaux de foie gras sur la confiture, ces macarons seront prêts à parer une table de soir de fête.

coriandre citron

3 blancs d'œufs / 130 g de poudre d'amande / 150 g de sucre glace / 70 g de sucre en poudre / 5 gouttes de colorant jaune / 2 jaunes d'œufs / 3 citrons non traités / 40 g de fécule de maïs / 25 g de beurre / 1/2 bouquet de coriandre fraîche.

35 PETITS MACARONS — PRÉP. : 25 MIN — CUISS. : 15 MIN
REPOS : 3 H

1 › La veille, réserver les blancs d'œufs au réfrigérateur.
2 › Le jour même, sortir les blancs d'œufs du réfrigérateur 1 heure au minimum avant la préparation.
3 › Mixer la poudre d'amande avec le sucre glace. Tamiser la poudre obtenue à l'aide d'une passoire fine.
4 › Fouetter les blancs en neige puis, lorsqu'ils commencent à prendre consistance, incorporer progressivement 30 g de sucre en poudre tout en continuant à fouetter. Monter les blancs en neige jusqu'à formation de « becs d'oiseau ».
5 › Ajouter ensuite le colorant et fouetter jusqu'à obtention d'une couleur homogène.
6 › Ajouter les poudres aux blancs d'œufs montés en neige et les lier délicatement avec une spatule jusqu'à obtention d'un ruban lisse et brillant.
7 › Déposer une feuille de papier sulfurisé sur une plaque. Former des dômes d'une taille d'environ 3 cm en les espaçant d'au moins 2 cm.
8 › Laisser reposer les dômes formés 3 heures au minimum.
9 › Mélanger dans un bol les jaunes d'œufs avec le reste de sucre en poudre. Râper le zeste de 1/2 citron.
10 › Faire bouillir dans une petite casserole la fécule de maïs avec 15 cl d'eau et le zeste de citron, ajouter le beurre et laisser fondre. Ajouter le jus des citrons hors du feu, puis les jaunes d'œufs sucrés, bien mélanger. Laisser refroidir.
11 › Hacher grossièrement les feuilles de coriandre et les répartir au-dessus des coques.
12 › Enfourner la plaque de coques pour 13 minutes à 150 °C (th. 5) au-dessus de 2 autres plaques vides.
13 › Laisser refroidir les coques quelques minutes à la sortie du four puis les décoller de la plaque.
14 › Déposer une noix de ganache au citron sur la moitié des coques puis refermer les macarons avec les autres coques en pressant délicatement jusqu'à ce que la ganache se répartisse sur l'ensemble des coques.

crevettes bourbon

3 blancs d'œufs / 130 g de poudre d'amande / 150 g de sucre glace / 30 g de sucre en poudre / 3 cuil. à soupe de whisky / 1 feuille de gélatine / 200 g de petites crevettes roses / 150 g de lait de coco.

35 PETITS MACARONS — PRÉP. : 25 MIN — CUISS. : 16 MIN
REPOS : 3 H

1 › La veille, réserver les blancs d'œufs au réfrigérateur.
2 › Le jour même, sortir les blancs d'œufs du réfrigérateur 1 heure au minimum avant la préparation.
3 › Mixer la poudre d'amande avec le sucre glace. Tamiser la poudre obtenue à l'aide d'une passoire fine.
4 › Fouetter les blancs en neige puis, lorsqu'ils commencent à prendre consistance, incorporer progressivement le sucre en poudre et 1 cuillerée de whisky tout en continuant à fouetter. Monter les blancs en neige jusqu'à formation de « becs d'oiseau ».
5 › Ajouter les poudres aux blancs d'œufs montés en neige et les lier délicatement avec une spatule jusqu'à obtention d'un ruban lisse et brillant.
6 › Déposer une feuille de papier sulfurisé sur une plaque. Former des dômes d'une taille d'environ 3 cm en les espaçant d'au moins 2 cm.
7 › Laisser reposer les dômes formés 3 heures au minimum.
8 › Tremper la feuille de gélatine dans un bol d'eau froide.
9 › Faire chauffer une poêle, y faire revenir les crevettes 30 secondes puis les flamber avec le reste de whisky.
10 › Mixer les crevettes. Porter le lait de coco à frémir dans une petite casserole, y ajouter la pâte de crevettes et la feuille de gélatine essorée. Bien mélanger jusqu'à ce que la feuille fonde. Ôter du feu et réserver au frais.
11 › Enfourner la plaque de coques pour 13 minutes à 150 °C (th. 5) au-dessus de deux autres plaques vides.
12 › Laisser refroidir les coques quelques minutes à la sortie du four puis les décoller de la plaque.
13 › Déposer une noix de crème de crevettes sur la moitié des coques puis refermer les macarons avec les autres coques en pressant délicatement jusqu'à ce que la crème se répartisse sur l'ensemble des coques.

La couleur des coques peut être laissée naturelle ou teintée de rose en ajoutant 2 ou 3 gouttes de colorant rouge ou fuchsia.

églantine

3 blancs d'œufs / 130 g de poudre d'amande / 60 g de sucre en poudre / 3 gouttes de colorant fuchsia ou rouge / 50 g de confiture d'églantine.

35 PETITS MACARONS — PRÉP. : 20 MIN — CUISS. : 13 MIN
REPOS : 3 H

1 › La veille, réserver les blancs d'œufs au réfrigérateur.
2 › Le jour même, sortir les blancs d'œufs du réfrigérateur 1 heure au minimum avant la préparation.
3 › Mixer la poudre d'amande avec 30 g de sucre. Tamiser la poudre obtenue à l'aide d'une passoire fine.
4 › Fouetter les blancs en neige puis, lorsqu'ils commencent à prendre consistance, incorporer progressivement le reste de sucre tout en continuant à fouetter. Monter les blancs en neige jusqu'à formation de « becs d'oiseau ».
5 › Ajouter ensuite le colorant et fouetter jusqu'à obtention d'une couleur homogène.
6 › Ajouter les poudres aux blancs d'œufs montés en neige et les lier délicatement avec une spatule jusqu'à obtention d'un ruban lisse et brillant.
7 › Déposer une feuille de papier sulfurisé sur une plaque. Former des dômes d'une taille d'environ 3 cm en les espaçant d'au moins 2 cm.
8 › Laisser reposer les dômes formés 3 heures au minimum.
9 › Enfourner la plaque de coques pour 13 minutes à 150 °C (th. 5) au-dessus de deux autres plaques vides.
10 › Laisser refroidir les coques quelques minutes à la sortie du four puis les décoller de la plaque.
11 › Déposer 1 cuillerée de confiture d'églantine sur la moitié des coques puis refermer les macarons avec les autres coques en pressant délicatement jusqu'à ce que la confiture se répartisse sur l'ensemble des coques.

La confiture d'églantine est un produit assez rare réalisé à partir des baies de l'églantier. Elle peut être remplacée par une confiture de pétales de rose.

fraise balsamique

3 blancs d'œufs / 130 g de poudre d'amande / 150 g de sucre glace / 30 g de sucre en poudre / 8 gouttes de colorant rouge / 300 g de fraises / 3 cuil. à soupe de vinaigre balsamique / 30 g de sucre cassonade / 2 g d'agar-agar.

●●● ››› 35 PETITS MACARONS — PRÉP. : 25 MIN — CUISS. : 33 MIN
REPOS : 3 H

1 › La veille, réserver les blancs d'œufs au réfrigérateur.

2 › Le jour même, sortir les blancs d'œufs du réfrigérateur 1 heure au minimum avant la préparation.

3 › Mixer la poudre d'amande avec le sucre glace. Tamiser la poudre obtenue à l'aide d'une passoire fine.

4 › Fouetter les blancs en neige puis, lorsqu'ils commencent à prendre consistance, incorporer progressivement le sucre en poudre tout en continuant à fouetter. Monter les blancs en neige jusqu'à formation de « becs d'oiseau ».

5 › Ajouter ensuite le colorant et fouetter jusqu'à obtention d'une couleur homogène.

6 › Ajouter les poudres aux blancs d'œufs montés en neige et les lier délicatement avec une spatule jusqu'à obtention d'un ruban lisse et brillant.

7 › Déposer une feuille de papier sulfurisé sur une plaque. Former des dômes d'une taille d'environ 3 cm en les espaçant d'au moins 2 cm.

8 › Laisser reposer les dômes formés 3 heures au minimum.

9 › Équeuter et tailler les fraises en dés.

10 › Porter à frémir dans une petite casserole le vinaigre balsamique avec les fraises et la cassonade. Laisser réduire 20 minutes à feu très doux. Ajouter l'agar-agar, remuer bien, ôter du feu et laisser refroidir.

11 › Enfourner la plaque de coques pour 13 minutes à 150 °C (th. 5) au-dessus de deux autres plaques vides.

12 › Laisser refroidir les coques quelques minutes à la sortie du four puis les décoller de la plaque.

13 › Déposer 1 cuillerée de confiture sur la moitié des coques puis refermer les macarons avec les autres coques en pressant délicatement jusqu'à ce que la confiture se répartisse sur l'ensemble des coques.

églantine p. 78

fraise balsamique p. 79

noir piment

3 blancs d'œufs / 130 g de poudre d'amande / 150 g de sucre glace / 25 g de cacao amer / 30 g de sucre en poudre / 10 gouttes de colorant noir (en poudre de préférence) / Trois pincées de piment d'Espelette / 150 g de crème fraîche liquide / 150 g de chocolat noir pâtissier.

35 PETITS MACARONS — PRÉP. : 20 MIN — CUISS. : 16 MIN
REPOS : 3 H

1 › La veille, réserver les blancs d'œufs au réfrigérateur.

2 › Le jour même, sortir les blancs d'œufs du réfrigérateur 1 heure au minimum avant la préparation.

3 › Mixer la poudre d'amande avec le sucre glace et le cacao. Tamiser la poudre obtenue à l'aide d'une passoire fine.

4 › Fouetter les blancs en neige puis, lorsqu'ils commencent à prendre consistance, incorporer progressivement le sucre en poudre tout en continuant à fouetter. Monter les blancs en neige jusqu'à formation de « becs d'oiseau ».

5 › Ajouter ensuite le colorant et fouetter jusqu'à obtention d'une couleur homogène.

6 › Ajouter les poudres aux blancs d'œufs montés en neige et les lier délicatement avec une spatule jusqu'à obtention d'un ruban lisse et brillant.

7 › Déposer une feuille de papier sulfurisé sur une plaque. Former des dômes d'une taille d'environ 3 cm en les espaçant d'au moins 2 cm.

8 › Laisser reposer les dômes formés 3 heures au minimum.

9 › Ajouter une touche de piment d'Espelette sur le dessus des coques.

10 › Enfourner la plaque de coques pour 13 minutes à 150 °C (th. 5) au-dessus de deux autres plaques vides.

11 › Porter à frémir dans une petite casserole la crème fraîche liquide avec deux pincées de piment d'Espelette, y incorporer le chocolat noir et faire fondre le mélange hors du feu. Laisser refroidir.

12 › Laisser refroidir les coques quelques minutes à la sortie du four puis les décoller de la plaque.

13 › Déposer une noix de ganache au chocolat sur la moitié des coques puis refermer les macarons avec les autres coques en pressant délicatement jusqu'à ce que la ganache se répartisse sur l'ensemble des coques.

orange carotte

3 blancs d'œufs / 130 g de poudre d'amande / 150 g de sucre glace / 30 g de sucre en poudre / 10 gouttes de colorant orange / 100 g de crème fraîche liquide / 3 oranges / 20 cl de jus de carotte / Poivre noir / 150 g de chocolat blanc / 1/2 carotte.

35 PETITS MACARONS — PRÉP. : 25 MIN — CUISS. : 18 MIN
REPOS : 3 H

1 › La veille, réserver les blancs d'œufs au réfrigérateur.

2 › Le jour même, sortir les blancs d'œufs du réfrigérateur 1 heure au minimum avant la préparation.

3 › Mixer la poudre d'amande avec le sucre glace. Tamiser la poudre obtenue à l'aide d'une passoire fine.

4 › Fouetter les blancs en neige puis, lorsqu'ils commencent à prendre consistance, incorporer progressivement le sucre en poudre tout en continuant à fouetter. Monter les blancs en neige jusqu'à formation de « becs d'oiseau ».

5 › Ajouter ensuite le colorant et fouetter jusqu'à obtention d'une couleur homogène.

6 › Ajouter les poudres aux blancs d'œufs montés en neige et les lier délicatement avec une spatule jusqu'à obtention d'un ruban lisse et brillant.

7 › Déposer une feuille de papier sulfurisé sur une plaque. Former des dômes d'une taille d'environ 3 cm en les espaçant d'au moins 2 cm.

8 › Laisser reposer les dômes formés 3 heures au minimum.

9 › Enfourner la plaque de coques pour 13 minutes à 150 °C (th. 5) au-dessus de deux autres plaques vides.

10 › Laisser refroidir les coques quelques minutes à la sortie du four puis les décoller de la plaque.

11 › Porter à frémir dans une petite casserole la crème fraîche liquide avec le jus des oranges et le jus de carotte, une pincée de poivre. Laisser chauffer 5 minutes puis y incorporer le chocolat blanc, faire fondre le mélange hors du feu. Râper très finement la carotte et la mélanger à la ganache encore chaude. Laisser refroidir.

12 › Déposer une noix de ganache sur la moitié des coques puis refermer les macarons avec les autres coques en pressant délicatement jusqu'à ce que la ganache se répartisse sur l'ensemble des coques.

rillettes de thon et tomates confites

3 blancs d'œufs / 130 g de poudre d'amande / 150 g de sucre glace / 30 g de sucre en poudre / 4 tomates confites / 300 g de thon en conserve au naturel / 200 g de fromage frais peu salé / 1 citron / Sel, poivre.

35 PETITS MACARONS — PRÉP. : 20 MIN — CUISS. : 13 MIN
REPOS : 3 H

1 › La veille, réserver les blancs d'œufs au réfrigérateur.
2 › Le jour même, sortir les blancs d'œufs du réfrigérateur 1 heure au minimum avant la préparation.
3 › Mixer la poudre d'amande avec le sucre glace. Tamiser la poudre obtenue à l'aide d'une passoire fine.
4 › Fouetter les blancs en neige puis, lorsqu'ils commencent à prendre consistance, incorporer progressivement le sucre en poudre tout en continuant à fouetter. Monter les blancs en neige jusqu'à formation de « becs d'oiseau ».
5 › Ajouter les poudres aux blancs d'œufs montés en neige et les lier délicatement avec une spatule jusqu'à obtention d'un ruban lisse et brillant.
6 › Déposer une feuille de papier sulfurisé sur une plaque. Former des dômes d'une taille d'environ 3 cm en les espaçant d'au moins 2 cm.
7 › Laisser reposer les dômes formés 3 heures au minimum.
8 › Enfourner la plaque de coques pour 13 minutes à 150 °C (th. 5) au-dessus de deux autres plaques vides.
9 › Laisser refroidir les coques quelques minutes à la sortie du four puis les décoller de la plaque.
10 › Hacher les tomates confites.
11 › Mixer le thon avec le fromage frais et le jus du citron. Assaisonner en sel et en poivre. Y ajouter le hachis de tomates confites.
12 › Napper la moitié des coques avec les rillettes de thon puis refermer les macarons avec les autres coques en pressant délicatement.

› rillettes de thon et tomates confites p. 85

tapenade

3 blancs d'œufs / 130 g de poudre d'amande / 150 g de sucre glace / 30 g de sucre en poudre / 8 gouttes de colorant noir ou vert / 300 g d'olives / 5 tomates séchées / 3 amandes émondées / Huile d'olive.

35 PETITS MACARONS — PRÉP. : 20 MIN — CUISS. : 14 MIN
REPOS : 3 H

1 › La veille, réserver les blancs d'œufs au réfrigérateur.
2 › Le jour même, sortir les blancs d'œufs du réfrigérateur 1 heure au minimum avant la préparation.
3 › Mixer la poudre d'amande avec le sucre glace. Tamiser la poudre obtenue à l'aide d'une passoire fine.
4 › Fouetter les blancs en neige puis, lorsqu'ils commencent à prendre consistance, incorporer progressivement le sucre en poudre tout en continuant à fouetter. Monter les blancs en neige jusqu'à formation de « becs d'oiseau ».
5 › Ajouter ensuite le colorant et fouetter jusqu'à obtention d'une couleur homogène.
6 › Ajouter les poudres aux blancs d'œufs montés en neige et les lier délicatement avec une spatule jusqu'à obtention d'un ruban lisse et brillant.
7 › Déposer une feuille de papier sulfurisé sur une plaque. Former des dômes d'une taille d'environ 3 cm en les espaçant d'au moins 2 cm.
8 › Laisser reposer les dômes formés 3 heures au minimum.
9 › Enfourner la plaque de coques pour 14 minutes à 150 °C (th. 5) au-dessus de deux autres plaques vides.
10 › Laisser refroidir les coques quelques minutes à la sortie du four puis les décoller de la plaque.
11 › Dénoyauter les olives. Mixer ensemble les olives, les tomates séchées et les amandes préalablement concassées. Monter progressivement la purée obtenue avec de l'huile d'olive jusqu'à obtenir une pâte homogène et brillante.
12 › Déposer une noix de tapenade sur la moitié des coques puis refermer les macarons avec les autres coques en pressant délicatement jusqu'à ce que la tapenade se répartisse sur l'ensemble des coques.

Si le mélange sucré-salé est ici très prononcé, la saveur des olives et des amandes s'harmonise au palais avec subtilité.

chantilly d'aneth
à la pointe d'ail

2 petites têtes d'ail / 2 cuil. à soupe d'huile d'olive / 1 bouquet d'aneth / 20 cl de crème fraîche liquide entière bien fraîche / Sel.

6 VERRINES — PRÉP. : 5 MIN

1 › Plonger les têtes d'ail épluchées 5 minutes dans l'eau bouillante. Mixer les têtes d'ail égouttées avec l'huile d'olive et du sel.
2 › Ciseler finement les feuilles d'aneth.
3 › Monter la crème fraîche liquide en crème Chantilly. Y incorporer délicatement l'ail mixé et la moitié de l'aneth.
4 › Dresser dans de petites verrines, ajouter le reste d'aneth sur le dessus et réserver au frais jusqu'au moment de servir.

Peut être servi en accompagnement des macarons au thon et à la tomate confite (p. 85), au caviar d'aubergine (p. 70), au caviar de tomate (p. 71), aux olives (p. 58).

chutney de mangue

1 petite poignée de graines de sésame / 2 mangues bien mûres / 1 petit piment rouge frais / 60 g de sucre en poudre / 1 cuil. à café de vinaigre / Une pincée de cannelle / Quelques graines de coriandre / 1 poignée de feuilles de roquette / 1 poignée de feuilles de cresson / 1 cuil. à soupe d'huile d'olive.

12 CUILLÈRES OU 6 VERRINES — PRÉP. : 10 MIN — CUISS. : 20 MIN

1 › Faire dorer les graines de sésame à sec dans une poêle.
2 › Éplucher et couper les mangues en petits dés. Ôter le pédoncule du piment, en ôter les graines et le hacher finement.
3 › Mélanger dans une casserole les dés de mangue avec le sucre, le vinaigre, le piment haché, la cannelle et la coriandre. Laisser chauffer 20 minutes à feu doux. Réserver au frais.
4 › Au moment de servir, dans un petit saladier, mélanger la roquette et le cresson avec les graines de sésame et l'huile d'olive.
5 › Déposer dans les cuillères ou les verrines un petit tapis de verdure et dresser le chutney à la mangue sur le dessus.

Peut être servi en accompagnement des macarons à la noix de coco (p. 23), au pain d'épice et foie gras (p. 67), à la coriandre citron (p. 74), à la confiture d'oignons (p. 72), aux crevettes au bourbon (p. 76).

cuillères à la cerise

500 g de cerises fraîches / 1 cuil. à soupe bombée de cassonade / 6 feuilles de menthe / 1 blanc d'œuf / 200 g de fromage blanc / 20 g de sucre en poudre / 1 cuil. à café d'extrait de vanille / 75 g d'amandes émondées.

12 CUILLÈRES — PRÉP. : 15 MIN — CUISS. : 10 MIN

1 › Dénoyauter les cerises. Les mettre à chauffer à feu doux dans une casserole avec la cassonade. Laisser réduire à feu doux jusqu'à ce qu'il n'y ait plus de jus. Ajouter les feuilles de menthe finement hachées et laisser refroidir hors du feu.
2 › Monter le blanc d'œuf en neige bien ferme.
3 › Battre le fromage blanc avec le sucre en poudre et l'extrait de vanille.
4 › Concasser les amandes en les mixant grossièrement ou en les écrasant avec un marteau après les avoir enfermées dans un sac plastique.
5 › Déposer un tapis de fromage blanc au fond des cuillères, ajouter la compotée de cerises et quelques miettes d'amandes sur le dessus.

Peut être servi en accompagnement des macarons aux pommes (p. 50), aux amandes (p. 7), aux noisettes (p. 33), au chocolat (pp. 16, 40 et 43), à la vanille (p. 29) ou à la pistache (p. 26).

verrines de fruits

1/2 melon (ou 1 mangue) / 1/2 pamplemousse rose / 8 feuilles de basilic / 3 cuil. à soupe de sirop de pêche / 12 framboises (ou 12 cerises).

6 VERRINES — PRÉP. : 10 MIN

1 › Éplucher, épépiner et tailler le melon en petits dés.
2 › Éplucher le pamplemousse à vif et en détacher les segments à l'aide d'un couteau pointu.
3 › Mélanger dans un saladier le melon, le pamplemousse, les feuilles de basilic ciselées et le sirop de pêche.
4 › Réserver au frais jusqu'au moment de servir.
5 › Répartir dans les verrines la salade de fruits en ajoutant 2 framboises au centre de chaque verrine.

Peut être servi en accompagnement des macarons à la noix de coco (p. 23), au chocolat (pp. 16, 40 et 43), à la vanille (p. 29), à la fraise glacée (p. 45), à la confiture de lait (p. 18).

mousse de poires balsamique

3 poires juteuses / 50 g de sucre en poudre / 2 cuil. à soupe de vinaigre balsamique / 1 noix de beurre / 1 feuille de gélatine / 20 cl de crème fraîche liquide bien froide.

6 PETITS RAMEQUINS — PRÉP. : 15 MIN — CUISS. : 5 MIN
REPOS : 4 H

1 › Éplucher les poires et les couper en dés de 2 cm environ. Les mélanger avec le sucre en poudre et le vinaigre balsamique puis les faire revenir à la poêle dans une noix de beurre fondue. Laisser compoter à feu moyen 5 minutes en remuant régulièrement.
2 › Faire ramollir la feuille de gélatine dans un bol d'eau froide.
Mixer la moitié des poires. Faire chauffer la purée de poires obtenue avec la feuille de gélatine essorée jusqu'à ce qu'elle fonde. Réserver au frais 1 heure au minimum.
3 › Monter la crème en chantilly puis l'incorporer à la purée refroidie. Mélanger la mousse de poires avec les morceaux de poire restants et réserver 3 heures dans des ramequins au frais.

Peut être servi en accompagnement des macarons au chocolat (pp. 16, 40 et 43), à l'églantine (p. 78), au caramel au beurre salé (p. 14), au magret et figues (p. 62), à la réglisse (p. 28).

mousse au zeste de citron

3 citrons non traités / 3 œufs / 80 g de sucre en poudre / 150 g de mascarpone / 1 pamplemousse rose.

6 RAMEQUINS — PRÉP. : 15 MIN — CUISS. : 3 MIN

1 › Récupérer le zeste de 1 citron en prenant soin de ne pas récupérer la membrane blanche du citron. Hacher le zeste en fins bâtonnets et le mettre à blanchir 3 minutes dans une casserole d'eau bouillante. Égoutter et réserver.

2 › Séparer les blancs des jaunes d'œufs.

3 › Fouetter dans un saladier les jaunes d'œufs avec le sucre en poudre jusqu'à ce que le mélange blanchisse. Incorporer le mascarpone dans la préparation et fouetter à nouveau. Ajouter le jus des 3 citrons et mélanger le tout. Ajouter la moitié du zeste des citrons et mélanger à nouveau.

4 › Monter les blancs en neige bien ferme et les incorporer délicatement à la préparation précédente.

5 › Éplucher le pamplemousse rose afin qu'il ait la chair à vif. En détacher les segments de pulpe à l'aide d'un petit couteau.

6 › Déposer quelques morceaux de pulpe de pamplemousse au fond des ramequins, répartir la mousse sur le dessus, ajouter les zestes de citron restants sur le dessus et réserver au frais jusqu'au moment de servir.

Peut être servi en accompagnement des macarons à la framboise (p. 19), à l'orange (p. 25), à la rhubarbe gingembre (p. 51), à la fraise balsamique (p. 79), à la coriandre citron (p. 74), au tarama blanc (p. 59), aux noix de Saint-Jacques (p. 65).

table des matières

Dépôt légal 3e trim. 2010 n° 3 735
Imprimé en U.E.